# UN MOIS

# EN BRETAGNE

PARIS. — IMPRIMERIE DE J. CLAYE

RUE SAINT-BENOIT, 7

SOUVENIRS DE VOYAGES

# ANDRÉ LAZARE

# UN MOIS

# EN BRETAGNE

AOUT — SEPTEMBRE 1855

———o•⚬•o———

# PARIS

## CHEZ AMYOT, LIBRAIRE

RUE DE LA PAIX, 8

1857
1856

# A mon ami

## AUGUSTE MILLARD

# UN MOIS EN BRETAGNE

Août — Septembre 1855

---

Si le projet de voyager avec de bons amis est un des plus charmants que l'on puisse former, il n'en est aucun peut-être dont l'accomplissement soit plus difficile : vous êtes libre, vos compagnons de voyage ne le sont pas ; ils le deviennent, vous ne l'êtes plus. Cependant la fortune parut un jour oublier ses caprices et favoriser notre rêve : un mois à passer ensemble en Bretagne; rien ne paraissait s'opposer au départ; il fut décidé. Mais, hélas! nul bonheur n'est complet en ce monde; au jour marqué, l'un de nous manque à l'appel, et des quatre amis deux seulement partent pour aller rejoindre le troisième à Angers, cet avant-poste de la Bretagne et le lieu du rendez-vous général.

A trois heures du matin nous descendons à l'hôtel de l'Europe, où un mot d'Ernest G*** (le troisième

compagnon), nous apprend qu'il vient de partir pour
Nantes avec son ami Arthur de Saint-G*** (un compagnon fortuit). En attendant le départ du bateau,
nous parcourons, aux premières lueurs du jour, la
ville qui est assez curieuse; après avoir gravi plusieurs rues dont le sol schisteux forme un escalier na-
turel et dont les maisons irrégulières et portant
pignon sur rue rappellent certaines villes du moyen
âge, on aperçoit la cathédrale, masse imposante
mais sans grâce, parfaitement dans le caractère du
pays. Plus loin est le château, vaste rectangle entouré de fossés larges et profonds et flanqué de
grosses tours semblables aux pâtés dont Angers se
glorifie; d'un seul côté, celui du port, les murailles
sont remplacées par des rochers coupés à pic et couronnés de lierre et de tourelles à demi ruinées; c'est
l'aspect le plus pittoresque de cette place qui devait
être une des plus fortes du pays; elle remonte au
xiii<sup>e</sup> siècle et fut la demeure des comtes et des évê-
ques de l'Anjou; Louise de Savoie l'habita; La Bal-
lue y fut renfermé; enfin Henri III la fit démanteler.
Elle sert aujourd'hui d'arsenal.

Cependant la cloche du bateau à vapeur de Nantes
tintait pour la deuxième fois; nous terminons à la
hâte un déjeuner arrosé du petit vin blanc d'Anjou,
et, bientôt après, nous descendons les rives de la
Loire qui, pendant quelques lieues du moins, seraient
bien au-dessous de leur réputation si l'âme de la
Vendée qui plane sur ces tristes campagnes ne peu-

plaît de souvenirs héroïques ou terribles les villages, les plaines, les châteaux et jusqu'aux ondes sablonneuses que le voyageur voit fuir tour à tour derrière lui.

La Loire était extrêmement basse; à chaque moment le bateau formait des circuits considérables pour éviter les îles sans cesse déplacées et sans cesse renaissantes du fleuve; à chaque instant on rencontrait de grosses barques de marchandises échouées dans le sable, et que les marins, les jambes nues, s'efforçaient de remettre à flot. Quatre ou cinq fois le paquebot s'ensabla lui-même, et ce ne fut qu'à force de tâtonnements et de jurons que le capitaine, le pilote et le chauffeur parvinrent à lui faire reprendre sa course. Enfin, après huit heures longues et monotones, on aperçut la cathédrale de Nantes, et, peu d'instants après, nous étions dans les bras d'Ernest G*** et d'Arthur de Saint-G*** qui nous attendaient à l'hôtel des Voyageurs.

## DE NANTES A SAINT-NAZAIRE

Nantes est trop connue pour la décrire, et d'ailleurs le lendemain matin à sept heures nous partons pour Saint-Nazaire par un petit brouillard assez glacial; aussi développant manteaux et couvertures de voyage, nous nous établissons à l'avant du bateau d'où, couchés sur des cercles de cordages, nous

1.

voyons les rives de la Loire, vraiment charmantes pendant ces vingt lieues, s'élargir insensiblement jusqu'au moment où le fleuve se confond avec l'Océan entre Paimbœuf et Saint-Nazaire. On s'arrête quelques minutes à l'escale de Paimbœuf, petit port sans physionomie qui ne mérite pas l'honneur que lui fait un touriste consciencieux : « Allons, Clinchet, dit ce M. Prud'homme à son ami, descendons sur le rivage afin que je puisse dire au retour à mon épouse que j'ai foulé le sol de Paimbœuf. »

Deux heures après on débarque à Saint-Nazaire. C'est là que commence véritablement le voyage de Bretagne ; aussi poussons-nous un joyeux vivat en foulant enfin cet Eldorado de nos rêves.

## DE SAINT-NAZAIRE AU POULIGUEN

Saint-Nazaire est une jolie petite ville qui, dans quelques années, sera l'une des premières de la Bretagne lorsque l'Océan apportera dans ses immenses bassins en construction le mouvement et les richesses d'un commerce considérable et que le chemin de fer, auquel on travaille aujourd'hui, l'aura reliée au reste du monde.

Une voiture conduit de Saint-Nazaire au Pouliguen, mais, après avoir passé par Escoublac, elle fait un grand détour et suit le chemin de Guérande pour éviter les routes sablonneuses du bord de la mer.

Nous laissons la diligence faire le grand tour et nous partons à pied, à la grande joie d'une vénérable maman qui redoutait pour elle quatre pipes brandissant hors des paletots leurs tubes noirs et recourbés, et pour sa fille, jeune personne de seize à dix-huit ans, très-blonde et très-timide, les regards un peu trop hardis et le langage un peu trop... romanesque de quatre gaillards très-gais et quelque peu débraillés, vu la chaleur.

D'Escoublac au Pouliguen s'étendent d'affreuses plaines de sable à peine verdies par une herbe rare et par des ajoncs épineux ; sans cesse balayés par le vent de la côte, ces déserts sont ridés comme la mer et remplis comme elle de tristesse et de majesté. Des hauteurs de Guérande on découvre les marais salants que les monticules blancs, formés par le sel sur le bord des cristallisoirs, font ressembler de loin à un camp arabe. De temps en temps se montre sur la route un paludier, j'allais presque dire un pèlerin ; le costume prête à l'illusion : un grand chapeau noir, dont les bords sont relevés en avant par des rubans et repliés en cornes en arrière, abrite une bonne et sérieuse figure encadrée de longs cheveux tombant jusque sur les épaules ; une large robe blanche ornée de crevés à la poitrine et descendant jusqu'aux jambes, de vastes braies blanches, des bas blancs et des guêtres de cuir complètent ce costume pittoresque ; aussi lorsque le paludier passe gravement, pressant de son long bâton son petit cheval chargé de sel, et vous salue avec la noblesse particulière au paysan breton, on le regarde et on lui rend son salut avec un respect involontaire comme à un chevalier déguisé qui reviendrait de Terre Sainte.

Cependant la mer déroulait à l'horizon ses vastes lignes d'azur, et le bruit de ses flots tombant sur la plage commençait à se faire entendre ; nous arrivions au Pouliguen.

## LE POULIGUEN

En y entrant nous ne sommes pas peu surpris d'apercevoir, au lieu du costume breton, les toilettes parisiennes les plus élégantes et, sous ces toilettes, des figures et des tailles également parisiennes ; le Pouliguen était en effet un des coins perdus de la Bretagne, un petit bourg habité seulement par des caboteurs et des paludiers, lorsqu'il y a quelques années un baigneur du Croisic fuyant l'ennui ou un artiste cherchant la solitude, découvrirent le premier sa plage, le second ses landes ; ils propagèrent cette bonne nouvelle et bientôt, et d'année en année, le Pouliguen devint le rendez-vous de deux races antipodes qui se rencontrent partout en s'évitant sans cesse, l'oisif élégant et le peintre en blouse grise.

C'est ce qui explique comment, à notre arrivée au Pouliguen, nous avons le plaisir de rencontrer et de saluer trois touffes de roses et de lis enveloppées de dentelles noires et surmontées d'élégants chapeaux de paille ; ces touffes étaient trois jeunes miss qui figureront de nouveau dans le cours de cette histoire

Arthur de Saint-G*** et Ernest G*** s'établissent sur la côte pour faire une étude de rochers éclairés par les dernières lueurs du jour ; pendant ce temps, L*** et Jules B*** se dépouillent de leurs vêtements, derrière de larges roches qui les dérobent aux regards des promeneurs attardés sur la rive, et prennent un excellent bain ; pourtant, comme on se lasse de tout, même de la planche et de la coupe, au bout d'une demi-heure ils voudraient bien s'en aller ; mais les promeneurs, et surtout les promeneuses, couvrent la plage, et l'absence totale de caleçons rend la sortie très-délicate ; heureusement G*** s'aperçoit de l'embarras de ses amis ; il leur jette son large parapluie et les mœurs n'ont presque point à souffrir.

Cependant les estomacs, creusés par la promenade d'Escoublac au Pouliguen et par la fraîcheur de l'eau, commencent à protester contre l'existence par trop romantique de leurs propriétaires ; nous plions bagage et nous regagnons par un charmant petit bois l'auberge où nous reçoit un gracieux visage d'hôtesse et un souper non moins attrayant. Deux voyageurs nous attendaient pour commencer le repas ; dès que les huit ou dix plats que sert l'hospitalité bretonne eurent obligé les mâchoires à modérer leur activité, on lia conversation. L'un des deux inconnus ne tarda pas à faire connaître son nom et ses qualités. Rien n'égale la promptitude avec laquelle les amitiés se forment en voyage, si ce n'est la facilité avec laquelle on les termine : on se rencontre, quelques mots indifférents s'échangent pour tuer le temps, chacun défile le petit chapelet qu'il sait le mieux et montre le plus joli côté de sa personne ; au bout de dix minutes on se trouve charmants ; une demi-heure après on s'embrasse presque en se disant adieu et en se promettant de se revoir, puis l'on s'oublie en tournant la rue, et tout est dit.

Ce monsieur, qui avait fait sa fortune dans les messageries, se délassait aujourd'hui de ses fatigues dans les plaisirs de la pêche et de la musique qu'il aimait passionnément. B*** lui demanda s'il possédait un instrument. — Oui, Monsieur, répondit-il, la trompette ; je m'y suis perfectionné sur l'impériale de mes voitures, mais j'ai dû renoncer à ce plaisir, car j'aurais crevé tous mes chevaux.

Avec le dessert la conversation s'anime beaucoup, les pipes s'allument et l'on discute les plus graves questions sur l'art et sur les artistes ; le public est traité d'idiot et l'on dit probablement de très-jolies choses, mais elles sont perdues pour L*** dont l'intelligence très-épaisse en voyage (ses amis prétendent que c'est un effet de la fatigue et de trop laborieuses digestions) ne trouve que peu de charme à l'éloquence de ses compagnons ; il préfère les douceurs d'une magnifique soirée et, s'installant tranquillement sur un banc de pierre entre deux anciens du village, il cause moissons, sardines et usages du pays, choses simples qu'il comprend plus aisément.

Enfin on suit son exemple et, sous un ciel digne de Venise, on entonne des airs qui, bien que chantés par des voix peu italiennes, pouvaient cependant apporter quelques souvenirs parisiens à des infortunés exilés à deux cents lieues de l'Opéra; aussi bientôt une fenêtre s'entr'ouvre et trois gracieuses silhouettes se dessinent sur les rideaux agités; tout va le mieux du monde; G*** et B*** (les deux jeunes premiers de la troupe) ont, en vrais cavaliers espagnols, entonné le grand air de l'hospitalité du *Comte Ory*, et nul ne peut dire où les eût conduits cette poétique prière, et si quelque blanche main n'eût pas agité son mouchoir ou laissé tomber son bouquet, quand tout à coup B***, poussé par on ne sait quel démon balocheur, se permet une réflexion sentant un peu trop son pays latin; aussitôt, adieu romans, bouquets et sérénades; fenêtres et rideaux, tout se referme brusquement et les silhouettes disparaissent dans l'ombre; on dit même, mais l'histoire est souvent si mauvaise langue, qu'une petite voix s'écria avec dépit : « Ah! ce n'était que des artistes !... »

Ramenés ainsi au sentiment de la vie réelle, nous nous apercevons que nous tombons de sommeil et qu'il est temps de nous inquiéter de nos lits; l'auberge où l'on a dîné n'en possède qu'un; deux autres ont été préparés à l'autre bout du village; il faut se séparer; L*** propose de tirer les lits au sort; G***, qui n'aime pas la solitude, affirme que l'on dort fort bien par terre et que les lits sont un préjugé; comme il se dévoue à son opinion, nous ne la discutons pas; B*** charge sur ses épaules le matelas de l'auberge, dont G***, pareil au porte-queue d'un grand seigneur, porte l'extrémité; de Saint-G*** marche en tête et L***, armé de son homérique gourdin, protége les flancs de la colonne que la lune et trois chandelles éclairent dans les rues du Pouliguen scandalisé.

La construction et le partage des lits se font au milieu de joyeux éclats de rire; en sa qualité d'homme marié, de Saint-G*** doit avoir un lit pour lui seul; L*** et B*** prennent le second, et G***, se roulant dans le manteau de voyage, s'étend bravement sur le troisième matelas.

Pendant une demi-heure, les rires, les grognements, les querelles animent le coucher et retardent le sommeil; enfin les chandelles fument sous l'éteignoir, les voix se calment peu à peu et le silence n'est plus troublé que par les ronflements de B*** et les mugissements de Saint-G***.

Cependant L*** et G*** ne dormaient pas : une légère inquiétude d'abord, puis un chatouillement inquiétant, puis soudain! une certitude affreuse les faisaient se dresser dans l'ombre sur leur séant et

se dire avec effroi : « Je suis mangé; et toi? —
Je suis dévoré. — C'est affreux. — C'est abomi-
nable!... »

A ces cris, B*** et de Saint-G*** se réveillent et,
tout d'abord, se livrent à des gestes frénétiques qui
consistent à s'enlever nerveusement l'épiderme avec
les ongles : ils sont au fait de la question. Hélas!
que de nuits semblables nous attendaient! Mais
n'anticipons pas sur les événements. — Quoi! direz-
vous, des puces?... — Ah! Monsieur, c'eût été pain
bénit! — Mais alors... pouah! — Précisément. —
Oh! mais c'est horrible! — Vous partagez entièrement mon opinion.

Enfin, après un sommeil semblable à un cauchemar, et que G*** et L*** ne purent partager que sur
le matin, quand l'aurore eut fait rentrer dans leurs
repaires ces monstres plats et puants, nés jadis au
Temple, du commerce impur d'une vieille paillasse
avec un bois de lit centenaire, on se leva bouffi,
rougi, saignant, grognant, pestant, et, les comptes
réglés avec la bonne femme toute stupéfaite des
réclamations furieuses de ses hôtes, on se hâta de
s'empiler dans une sorte de tilbury à cinq places,
que nous eussions voulu transformer en griffon enchanté ou du moins en locomotive légère pour fuir
plus rapidement le théâtre de nos souffrances et de
nos insomnies.

Trois quarts d'heure après nous arrivions au
bourg de Batz, où d'intéressants spectacles et

d'agréables incidents devaient nous faire oublier nos infortunes.


## LE BOURG DE BATZ

Au bourg de Batz on entre dans la Bretagne antique et originale. Nous avons décrit tant bien que mal le costume des paludiers, mais il faudrait une mémoire et une plume féminine pour peindre celui des femmes et surtout leur coiffure si coquette et si gracieuse qu'il semble que Marie Stuart, qui aimait tant la France, en ait laissé là le modèle. Nous arrivions bien : deux noces devaient se faire ce jour-là.

La cariole nous descend chez M<sup>me</sup> Le Huédé, bonne grosse veuve qui a dû être fort bien dans son temps, mais dont le mari est aussi invisible que celui de M<sup>me</sup> Grégoire.

Après un déjeuner composé d'huîtres fraîches, de sardines, de beurre et d'un copieux miroton, tout à fait particulier au pays, et qu'il faut avaler de confiance en l'arrosant d'un cidre énergique à faire éternuer un Auvergnat, nous parcourons le village.

Il faisait une chaleur à fondre des zouaves, le ciel était d'un bleu foncé ; les chaumières noircies par le vent de la mer et dorées par le soleil, se dessinaient en contours sévères et vigoureux sur cet azur sans nuages et, le long des routes poudreuses, les femmes, dans leur costume sombre et religieux, soutenant d'une main leurs bures de terre sur leurs blanches capelines, passaient silencieusement comme les filles de la Bible.

Il y a des impressions qui modifient le sentiment des époques et des lieux. En ce moment nous étions en Égypte au temps des pharaons.

La tour d'une église pleine de caractère domine le village, mais ce qui attire surtout les regards ce sont les ruines d'une seconde église placée tout à côté de la première; au clair de la lune et avec la musique de *Robert-le-Diable* dans le lointain, on y serait saisi de terreur, tant il est certain que ces dalles couvertes d'herbes et de débris rongés par la mousse, s'entr'ouvriraient pour donner passage à de fantastiques apparitions.

On dit que cette chapelle fut bâtie par un des seigneurs du pays qui, se trouvant en danger de mort sur ces côtes hérissées de rochers, promit à la sainte Vierge de la construire s'il échappait à la fureur des flots; il avait à peine prononcé son vœu qu'une lumière surnaturelle marquait la place du monument.

Au dire des anciens du pays, le bourg de Batz comptait autrefois sept églises ou chapelles placées à la suite les unes des autres.

La plage est magnifique, mais nous y reviendrons plus tard car il est temps de regagner la grande place du village où les deux noces sont rassemblées.

B***, ayant appris que l'église possède un orgue, se rend avec L*** chez le curé pour mettre à sa disposition ses petits talents, mais le curé leur demandant s'ils ne sont pas des voyageurs ambulants (*sic*), nos artistes blessés dans leur amour-propre n'insistent pas davantage et se hâtent de rejoindre leurs compagnons à l'église; les mariés y entrent presqu'en même temps.

Le costume des femmes est riche mais sans grâce; il est vrai que celles qui le portaient jouissaient d'un nombre respectable de printemps; vous me direz que lorsqu'on aime le printemps l'on n'en saurait trop prendre, mais j'avoue innocemment que...; revenons au costume : il se compose d'une robe de drap violet relevée en arrière par une sorte de petite croupe semblable à celle des Auvergnates, d'un tablier de soie rouge et d'un corsage en velours noir orné de manches en drap rouge; une ceinture dorée entoure la taille et vient se nouer au-dessous d'une pièce de poitrine composée aussi de rubans dorés; enfin une capeline blanche surmontée d'une couronne de fleurs, des bas rouges brodés d'or et des chaussures très-basses complètent cette toilette digne de l'Opéra-Comique.

Le costume des hommes est beaucoup plus simple et plus original: il se compose de la culotte courte et de la veste bretonne ordinaire, mais pardessus est jeté un manteau noir très-court, assez semblable à celui des anabaptistes, et que le paysan breton, le seul qui sache encore marcher, porte avec l'aisance et la noblesse d'un grand seigneur.

La messe du mariage n'eut rien de particulier, mais il paraît qu'après la cérémonie religieuse les Bretons ont un usage qui rappelle certaines coutumes du Berry. Le marié et la mariée se séparent au sortir de l'église et vont dîner chacun de leur côté chez leurs parents ; mais après ce repas, le dernier que la jeune fille doit prendre à la table paternelle, le marié vient avec ses amis, musique en tête, frapper à la porte de la maison de sa femme ; les garçons de la noce lui disputent l'entrée et demandent ce qu'il vient chercher ; sur sa réponse, on lui présente une jeune fille, puis, à son refus, une seconde, une troisième, et enfin la mariée qu'il embrasse et avec laquelle il entre chez les parents ; les danses commencent alors et durent jusqu'à la nuit.

Dans l'église, G*** avait cru reconnaître certaines physionomies parisiennes ; il ne se trompait pas et, usant de la liberté du voyage, il alla saluer un jeune ménage qu'il n'avait vu que deux ou trois fois dans le monde ; mais la jeune femme était fort jolie, un peu pâle, un peu mélancolique... et G*** possède une excellente mémoire.

Que tout le monde se rassure : une demi-heure après nous avions de nouveau rompu avec la civilisation, ses plaisirs et ses dangers, et, tandis que de Saint-G*** et G***, installés sur la plage, dessinent les rochers remarquables qui bordent cette côte, L*** et

B\*\*\*, le pantalon relevé au-dessus du genou, courent sur les récifs et se livrent avec leurs mouchoirs de poche tendus sur de petits bâtons, à une pêche enfantine mais infructueuse.

La plage du bourg de Batz est très-curieuse; elle est formée de récifs écailleux, recouverts tantôt d'une couche épaisse d'herbes marines, tantôt de myriades de coquillages coniques appelés clovis; le clovis jouit d'une propriété toute particulière; frappez-le brusquement vous le détacherez très-facilement du rocher, mais si le moindre contact l'a prévenu de votre approche, vous le briserez avant de l'arracher à ses réflexions: c'est une ventouse vivante.

La mer se joue dans les canaux formés par ces pointes arides et y forme tantôt de rapides courants recouverts d'une écume blanche comme la neige, tantôt de clairs bassins au fond desquels on découvre des myriades de poissons, de crevettes, de crabes et de coquillages.

C'est dans ces bassins et le long des petites baies sablonneuses que la mer forme entre les rochers, que B\*\*\* et L\*\*\* finissent, au bout de deux heures et après toutes sortes d'ingénieuses combinaisons, par prendre six crevettes, grosses comme une aiguille à tricoter, et deux crabes larges comme une pièce de vingt sous. Néanmoins ils portent triomphalement leur pêche à leurs amis qui les considèrent avec inquiétude et se demandent si la grande chaleur du jour n'a pas jeté quelque trouble dans leurs facultés intellectuelles.

Aussi, pour calmer ces imaginations exaltées, G*** propose un bain général qui est accepté avec enthousiasme, et bientôt, à voir ces quatre corps aussi... académiques qu'Adam et Ève, se traîner à quatre pattes au milieu des herbes marines, se glisser entre les fentes des rochers ou franchir, dans des poses dignes de l'antique, l'intervalle glissant et hérissé de pointes menaçantes qui sépare deux récifs, on eût pu croire que l'on assistait à une scène en miniature de Titans entassant Pélion sur Ossa pour escalader le ciel.

Après le bain que la houle rendit assez peu agréable en roulant les baigneurs sur ces insupportables clovis, aussi avides de plaies et de bosses que leur aïeul mérovingien, nous reprenons le chemin du village où G*** peint, devant le portail de la vieille abbaye, quatre ou cinq petites filles choisies dans un peuple d'enfants qui se presse autour du *désigneux*.

Le soir approchait. De Saint-G*** prend le chemin du Croisic et va faire préparer les logements, tandis que ses compagnons, plus curieux ou moins fatigués, montent sur la tour de l'église d'où l'on découvre toute la presqu'île avec la mer et les îles environnantes. Abandonnant avec peine ce beau spectacle, ils chargent sur leurs épaules le manteau de voyage, le sac de nuit et la boîte à peindre, et partent sur les traces de Saint-G*** en abrégeant la route par de poétiques adieux au bourg de Batz, dont les paroles et la musique s'improvisaient à travers champs.

A la tombée du jour, nous arrivons au Croisic.

## LE CROISIC ET LA TRAVERSÉE

Le Croisic est un de ces lieux-communs que chacun sait par cœur, pourvu qu'il ait passé trois jours dans un port de mer quelconque habité par des baigneurs, c'est-à-dire un long quai longé d'un côté par la mer, avec ses barques amarrées aux anneaux du port, et de l'autre par une série d'hôtels qui ne diffèrent les uns des autres que par le plus ou moins d'habileté avec laquelle leurs propriétaires ont résolu ce problème : loger, coucher et nourrir les voyageurs au prix le plus élevé, avec le moins possible de place, de draps et de beefsteaks.

Cependant, car il faut être juste, les ennemis nocturnes n'y existent que dans la mesure nécessaire pour entretenir une salutaire activité du sang ; la plage est belle, la jetée s'étend à plus d'une demi-lieue en mer, enfin des élèves de Robert Houdin entretiennent chez le baigneur cette aimable béatitude d'esprit qui est une des premières conditions de la santé.

Tant de charmes ne peuvent nous retenir et, tout en dévorant les restes du dîner des baigneurs, nous délibérons sur le départ.

L***, qu'une longue habitude de la navigation a

aguerri contre les périls de l'Océan, se prononce énergiquement pour un voyage à Belle-Ile-en-Mer ; B\*\*\*, qui n'a encore vu les flots que du rivage et désire faire avec eux plus ample connaissance, est de l'avis de L\*\*\* ; mais G\*\*\*, auquel une existence remplie d'émotions violentes a donné cette sage mesure qui convient à l'homme d'expérience, et qui a trop vu, trop senti, trop aimé dans sa vie, comme l'un de nos plus grands poëtes, pour ne pas préférer la poésie du souvenir à la recherche un peu juvénile d'émotions nouvelles, G\*\*\* préfère le plancher des vaches ; de Saint-G\*\*\*, consulté, émet une idée complétement originale : il désire rester au Croisic. Ce conseil prudent n'ayant pas prévalu, la discussion continue entre ses trois amis. Mais L\*\*\* et B\*\*\* ayant persisté dans leur opinion, et L\*\*\* l'ayant soutenue avec une ardeur pleine d'éloquence et de mâles dédains pour le mal de mer, le voyage à Belle-Ile est décidé à la majorité des voix.

Nous allons donc sur le port, et, parmi les marins qui fumaient leur pipe avec ce calme qui caractérise l'homme fort, nous découvrons un respectable patron dont les monosyllabes pleins de mystère nous donnent une haute idée de son mérite : c'était le père Penn. Sa barque était amarrée au quai ; longue d'une vingtaine de pieds, elle rappelait à L\*\*\* celle où, l'année précédente, il s'était embarqué pour l'île de Groix. Aussi lui plaisait-elle beaucoup plus, avec son pont gras et ses voiles rapiécées, que les barques plus neuves et plus coquettes qui se pressaient autour de celle du père Penn.

Il propose donc au patron de nous prendre à son bord et lui demande à quelle heure il compte partir; un geste noblement insouciant, un vague regard jeté sur la barque et sur les flots, et deux syllabes inintelligibles qui pouvaient signifier : minuit..., telle fut la réponse de cet homme profond.

G*** a le prosaïsme de trouver l'heure, la barque et le patron stupides; il veut tout remettre au lendemain et va se coucher en maugréant contre les écumeurs; mais L***, croyant découvrir dans le père Penn ces mystérieuses profondeurs que de perfides romanciers ont prétendu, pour le malheur de la jeunesse, avoir devinées sous la face brunie du marin, L***, le trop romanesque L***, convient avec le loup de mer que l'on partira à la marée du matin.

Il faut rendre à G*** la justice de dire qu'une fois l'arrangement pris, il l'accepte de bonne grâce et souhaite un bonsoir amical au trop fougueux L***, qui gagne avec B*** leur chambre commune, où ils s'endorment avec le calme des grands capitaines à la veille des grands dangers.

Mais, hélas! comment le dire et quel cauchemar en fut la cause?

Un mal qui produit la pâleur,
Mal que la mer en sa fureur
Inventa pour purger les voyageurs novices,
Le mal de mer, s'il faut l'appeler par son nom,

s'empare par anticipation de B*** qui, vers minuit, réveille son compagnon par de plaintifs gémissements.

En vain L*** secoue tous les cordons de sonnette à sa portée; il désespère d'éveiller aucune sympathie et aucun domestique dans cet hôtel du Bois-Dormant, et sort de sa chambre, dans le plus simple appareil, pour chercher du secours, quand il se trouve face à face avec un brave Anglais vêtu à la même mode et qui, la figure longue et jaune, une main sur le bouton de sa porte, l'autre sur..... l'estomac, lui dit : « Aoh ! l'ami de vô, il était malade aussi? — Oui, monsieur; il vient d'être pris d'un malaise subit, et je cherche à lui faire préparer du thé. — Aoh ! yes, je voyé; il était malade par le haut; moâ je étais malade par le bas. Seriez-vous l'oblidgeance de dire à moâ le moyen pour le chose? — Milord, quatre gouttes de laudanum sur un morceau de sucre. — De l'eau.....? — d'anum, oui, milord. —Aoh ! je étais oblidgé tute, je... Aoh ! » Et il rentre dans sa chambre, tandis que L*** va prendre chez G*** du sucre et de l'eau de fleur d'oranger, qui dissipent heureusement l'indisposition de son ami.

Dès le matin on transporte les bagages dans la barque, et, non contents d'un ample déjeuner à trois francs par tête, qu'à ce compte B*** aurait dû payer neuf francs, nous nous munissons d'un superbe cervelas, de sardines, de fromage, d'un pain formidable et de quatre bouteilles de vin; précaution à la fois heureuse et funeste, comme on le verra dans la suite de ces mémorables aventures.

Cependant le père Penn ne paraissait pas, et pourtant, depuis plus d'une heure, la barque, soulevée par la marée haute, s'inclinait à droite et à gauche, impatiente de céder à une jolie brise de terre.

Enfin, vers midi, le capitaine arrive et, se dirigeant lentement vers le quai, fait un signe sur lequel les poulies crient, les lourdes voiles goudronnées s'étendent le long des mâts et commencent à frémir sous le vent; on fixe les écoutes, la barque est appareillée.

Le père Penn suivait tout d'un œil calme, que G*** trouvait terne; son corps, rompu au roulis et au tangage, oscillait par habitude et, posant tantôt sur une jambe, tantôt sur une autre, se livrait à cet habile balancement indispensable au marin et tant envié de L***, mais que G*** avait toujours le prosaïsme d'attribuer à une autre cause, hélas!.....

Enfin tout l'équipage, c'est-à-dire le père Penn, un matelot, un mousse, les trois passagers et leur ami Gapo, — quatrième personnage dont nous n'avons pas encore eu l'occasion de mentionner les saillies, vu qu'il est naturellement peu causeur, mais qui jeta sur tout le voyage un charme de plus par la grâce de ses manières et la jovialité de son tempérament,—tout le monde, disions-nous, descendit à bord et bientôt, rapidement entraînés par une bonne brise, nous saluons de la voix, puis de la main, puis de nos mouchoirs, le sage Arthur de Saint-G*** qui, debout sur la grève, ressemblait à Calypso ne pouvant se consoler du départ d'Ulysse.

Un fâcheux pronostic, nous devons le dire, trouble la gaieté du départ ; un coup de vent fait tomber à la mer le chapeau du matelot, mais, d'un geste rapide et grâce à sa canne recourbée, l'intrépide L*** (continuant à prendre possession de l'Océan) a le bonheur de le saisir au passage, et l'entrain reparaît sur le front des voyageurs.

On s'établit alors sur le pont le plus commodément possible, et, pendant de longues heures, on passe le temps aussi bien qu'on peut le faire en pleine mer, c'est-à-dire à causer, dormir et fumer, à fumer, dormir et causer, à causer, fumer et dormir.

Tout allait le mieux du monde, quand tout à coup le vent changea.

Du sud-est, il saute brusquement au sud, puis au sud-ouest ; et bientôt, pour doubler les Cardinaux, qui sont des rochers sur la route de Belle-Ile, il faut naviguer au plus près, c'est-à-dire disposer les voiles de telle sorte que, même avec un vent presque contraire, on puisse, en tirant des bordées, se rendre au point voulu.

Cette manœuvre, sans être difficile, exige une certaine attention, et nous remarquons avec étonnement que le patron dort avec le calme d'une conscience tranquille, et que le matelot dirige seul l'embarcation.

Cependant le vent tourne et fraîchit de plus en plus, la mer devient houleuse et le matelot doit renoncer à doubler les Cardinaux et se résoudre à passer entre les îles de Houat et d'Hœdic.

Le patron se réveille lourdement, prend un instant la barre, en se frottant les yeux avec un calme digne de Léonidas, puis... descend à la cale, hélas! où sont nos provisions.

Cependant le vent fraîchit toujours et la dérive est telle que bientôt il devient nécessaire de passer à droite de l'île de Houat, ce qui allonge considérablement la route et expose à tomber sur les rochers du Glazic et du Béniguet.

## LE NAUFRAGE

Emportés devant l'île de Houat par la dérive et par un vent debout, qui pousse rapidement la barque vers la pointe Saint-Gildas, lieu tristement célèbre dans l'histoire des naufrages, déjà nous apercevons au loin la côte; elle ne semble d'abord qu'un brouillard sortant par intervalle du milieu des flots, mais bientôt, et avec une effrayante rapidité, elle se dessine nettement et nous apparaît comme une large ceinture hérissée de pointes sinistres et de sombres récifs.

Le bateau, fortement penché sur les flots, donnait à la bande et, sous de fortes rafales, *embarquait*, suivant l'expression des matelots, quelques-uns de ces flots qui présagent une tempête.

A la première vague qui vient ainsi couvrir le navire et nous d'une pluie d'écume, B***, assis avec ses compagnons dans le canot de sauvetage, fait un bond en arrière et, ramenant ses jambes sous lui, saisit un cordage avec un air qui semblait dire : « Ah ! mais... ah ! mais, c'est donc sérieux ? — moi, je n'ai pas l'habitude de ces choses-là, — je ne sais pas quelle en est la fin, — mais le commencement me semble... » Et du coin de l'œil il consulte le visage de ses amis, qui le rassurent un peu par le calme de leur maintien et la dignité de leurs bouffées de tabac.

Cependant nous touchons presque à la côte ; L***, bien qu'il ait compris, — avec sa longue habitude de la navigation, — que le patron se propose de virer de bord et de gagner Belle-Ile par une bordée savante, s'étonne qu'il la prenne de si haut ; nous en sommes surpris comme lui.

La barque n'est pas à un quart de lieue de la terre ; le ciel, pur jusqu'alors, s'est assombri tout à coup, la mer grossit à chaque minute et le vent, en glissant sur les roches aiguës de la rive comme sur une immense harpe éolienne, se remplit de sifflements bizarres, plus semblables à la voix des démons qu'au bruit des éléments.

Tout à coup la barque, qui file avec une extrême rapidité, tressaille comme un poisson blessé, reprend sa course et frémit une seconde fois. « Nous touchons! s'écrie le mousse... »

A ce cri funeste, le patron et le matelot perdent la tête, l'un quitte la barre, qui se démène à droite et à gauche comme la manivelle d'une machine qui se brise, l'autre lâche l'écoute, et voiles, cordages et poulies sautent, dansent et balaient le pont dans un désordre épouvantable.

Pendant ce temps la barque continue à sauter de rochers en rochers, et les voix moqueuses de l'ouragan, plus stridentes encore, forment le chant diabolique de cette musique infernale!...

Enfin la voile est amenée et manque d'écraser tout le monde dans sa chute; seuls nous conservons un peu de tête au milieu de cette bagarre, et nous faisons pour en sortir ce que le bon sens nous indique. Depuis quelques instants la barque, rencontrée par un roc plus large et plus élevé que les autres, ne courait plus, mais, soulevée par chaque flot, retombait lourdement à la même place avec une force qui n'eût pas tardé à la briser, si heureusement le vent ne fût un peu tombé.

Nous tînmes conseil : le patron consterné ne disait mot; le matelot prétendait que la marée haute tirerait la barque de ce mauvais pas et lui permettrait de virer de bord et de reprendre sa route, si pourtant elle n'avait pas subi d'avaries graves.

On tenta même une dernière manœuvre : on jeta l'ancre à l'aide du canot, à cinquante pas de l'embarcation, et tout le monde tira sur la corde avec l'énergie nerveuse que donnent de semblables circonstances, mais ce fut en vain, rien ne bougea.

L'unique moyen de sortir d'une position qui commençait à devenir embarrassante, était d'essayer de gagner la terre avec le canot; mais l'état de la mer et la petitesse du bateau rendaient cette tentative assez dangereuse. Cependant G*** la proposa, mais son avis ne fut pas partagé par L***, qui fit remarquer que le rivage et les campagnes paraissaient, aussi loin que la vue pouvait s'étendre, absolument dénués d'habitations et d'habitants; qu'en admettant l'existence d'un habitant, cet indigène parlerait un breton rébarbatif, et qu'en supposant un village à une lieue dans les terres, il serait peu gai d'y transporter, à dos d'homme, deux malles, un sac de nuit, une boîte à peindre, un paquet de manteaux et des provisions de bouche. Il proposait donc d'attendre la marée haute qui, sans doute, remettrait le navire à flot; si au contraire on reconnaissait que le départ fût impossible, il serait encore temps d'adopter l'avis de G***.

La discussion s'échauffa, mais dans les meilleurs termes, car chacun sentait que c'est à l'heure du péril que les liens de l'amitié doivent être le plus resserrés. Enfin G*** insista d'une manière si sage et si ferme, disant que son titre d'aîné l'autorisait à prendre une décision parce qu'il le rendait responsable de ce qui pourrait arriver, que L\*\*\* se rendit à son opinion, et, s'écriant que lorsqu'un parti est pris le mieux est de l'exécuter au plus vite, il aida sur-le-champ ses amis à mettre le canot à la mer.

G\*\*\*, qui avait donné le conseil, donna l'exemple et, sautant avec Gapo dans le frêle esquif qui dansait sur les flots comme une carpe dans une poële, il se dirigea vers le rivage avec le mousse et le matelot qui ramaient.

Ses amis le suivirent des yeux avec une certaine inquiétude, surtout lorsqu'ils le virent se dépouiller successivement de sa redingote, de son gilet, puis de ses bottes.

G\*\*\* nous avoua plus tard qu'alarmé par la fureur des vagues, et s'attendant à toute minute à voir chavirer le canot, il s'était mis en mesure de gagner la rive à la nage.

Enfin la barque disparut derrière un petit promontoire et, l'instant d'après, G\*\*\* debout sur les rochers de la côte, brandissait sa pique en signe de triomphe, tandis que l'ami Gapo témoignait par ses bonds extravagants de sa joie à fouler de nouveau le plancher des vaches.

Le canot les quitta pour venir chercher leurs compagnons qui, pendant ce temps, cherchaient à tirer du père Penn la raison de leur naufrage; mais hélas! c'était au naufrage de sa raison qu'il fallait s'en prendre, car lorsque nous réunissons les provisions pour les transporter à terre, nous remarquons avec effroi que de nos trois bouteilles, une seule vit encore à moitié...

Que vouliez-vous qu'il fît contre trois?

Les manteaux, les provisions, le matelot, le mousse et vos serviteurs composent le second transport, qui est plus que suffisant pour la coquille de noix qui le porte.

Cependant la traversée se fait sans accident, et nous touchions au rivage, quand nous apercevons un point noir glissant le long de la côte; est-ce un oiseau de mer ou un phoque attardé sur la plage, ou bien quelque indigène cherchant aventure? Le point noir grossissait; nous reconnaissons un douanier, qui, très-alarmé de ce débarquement clandestin, s'avance à pas comptés, le fusil en avant, et les yeux braqués sur le visage et les mains de G*** qui marche fièrement à sa rencontre, et dont la pique semble inquiéter considérablement l'employé du fisc.

Cependant, après de nombreux signes télégraphiques témoignant de pacifiques intentions, G*** et le douanier s'abordent et paraissent s'entendre, car, après un long pourparler, ils se dirigent tous deux vers le canot, au moment où L*** et B*** sautent à terre et se préparent à y transporter leurs provisions et leurs bagages; mais le douanier s'y oppose formellement et déclare que le débarquement ne peut s'effectuer qu'en présence du brigadier de douane.

C'était sa consigne et, en vrai Breton qu'il était, le diable ne l'en eût pas fait démarer.

B***, qui avait un talon légèrement compromis, resta donc sur la côte en compagnie de l'inflexible gardien; tandis que le matelot pestait sur ses avirons, que G*** et L*** couraient à travers champs à la recherche du brigadier, et qu'à l'horizon le père Penn se détachant en noir, au milieu de sa mâture, sur un ciel gris, combattait à grands coups de pompe une voie d'eau qui envahissait son bateau chargé de sel.

## SAINT-JACQUES ET LES DOUANIERS

Cependant depuis une heure, perdus dans l'inextricable réseau de petits murs formés de pierres plates qui entourent les champs bretons, nous franchissions des haies, des fossés, des vignes, des champs de blé, et nous n'avions pas encore rencontré un être humain.

Quelques toits à demi cachés sous des arbres noirs et rabougris se montrent pourtant au penchant d'une colline; nous y courons : les portes des maisons sont ouvertes, mais personne, pas même un enfant, nul bruit, pas même l'aboiement d'un chien, n'anime cette solitude; et toute cette campagne déserte, semée de genêts, de murs de pierres et de pauvres cabanes à demi ruinées et sans habitants, semble ne convenir qu'aux ébats des sorciers ou des nains fantastiques de cette terre des légendes, ou bien encore aux mystérieuses cérémonies des anciens druides de l'Armorique.

Soudain, au détour d'un chemin et comme pour compléter l'illusion, une vieille femme assez laide, noire et déguenillée, pour être quelque fée puissante, nous apparaît sur le bord d'une fontaine : « — La maison des douaniers, s'il vous plaît, ma bonne dame?— *Ker cohaden lochribad akadec.* » Nous nous regardons avec un certain effroi, tremblants d'avoir été métamorphosés en rats ou en citrouilles par cette apostrophe cabalistique ; mais voyant que le soleil ne se voile pas, que nulle odeur de soufre ne se répand dans l'air et qu'aucun dragon ailé ne se dispose à enlever la sorcière, nous reprenons courage et nous cherchons un moyen de tirer quelque lumière de cet hiéroglyphe vivant : « *Ar manen tal red* douaniers, s'écrie bravement L*** qui possède huit mots de breton. » La vieille ne sourcille point et prend un air d'hébétement profond.

G***, passant alors à un procédé plastique, boutonne son paletot jusqu'au menton, met sa pique à l'épaule et jetant sur l'Océan un regard admirable de passion fiscale, imite la démarche et l'allure d'un douanier. Oh! puissance des arts! un rayon d'intelligence éclaire le visage ridé du caliban femelle, et le disque prestigieux d'une pièce de dix centimes achève le prodige... Le masque tombe, la sorcière s'évanouit, et la femme, ou plutôt le monstre aux doigts crochus, s'éveille ; une main sortant d'un monceau de guenilles saisit sa proie, l'autre, emmanchée au bout d'un bras décharné, nous indique la route, et d'interminables glapissements en *ker* et en *ec* nous accompagnent de sauvages bénédictions.

Dix minutes après, au sortir d'un chemin creux et presque aussi rapidement que dans un changement de décors, nous passons subitement de la solitude d'un désert à la joyeuse animation d'un village riche et laborieux.

Les rues et les places sont couvertes de gerbes de blé et de monceaux de paille qui dépassent les chaumières; de toutes parts retentit le bruit du fléau, manié par de robustes travailleurs.

A mesure que ces hommes, vêtus de pantalons de toile bleue et de grosses chemises rousses, dépouillent les gerbes de leur grain, les femmes relèvent la paille et des enfants roses, courant çà et là, complètent ce tableau digne de Florian.

Tout ce monde ouvrait de grands yeux en nous voyant passer et nous saluait avec une cordialité primitive et touchante.

Rien n'égale la douceur et la politesse de ces

peuplades encore naïves; un brave garçon voyant que les *ker* et les *ec* nous sont peu familiers, s'avance pour nous servir d'interprète.

C'était un douanier qui, dépouillé du costume officiel, battait son blé comme les autres.

Il nous conduit à la demeure du brigadier et, sur notre demande, s'empresse de chercher dans le village une voiture qui puisse nous conduire à la ville voisine.

Cependant nous entrons dans une masure tellement sombre et enfumée, qu'au premier abord nous avons de la peine à distinguer un homme vêtu d'un tablier de cuir, d'une grosse veste brune et d'un bonnet de futaine; derrière lui des fagots, une vielle mais effondrée, deux ou trois jarres ébréchées, un tas de pommes de terre, et sur sa tête, pendant à des poutres noircies, des filets, des paniers, des outils et mille autres objets délabrés et couverts de poussière, rendaient ce taudis plus semblable au repaire d'une énorme araignée qu'au logis d'une créature humaine.

L'homme avait un soulier sur les genoux et le martelait pesamment; une jolie petite fille rose, seul objet un peu clair dans ce tableau à la Rembrandt, le regardait faire. «— Monsieur le brigadier de douanes, s'il vous plaît? — C'est moi, Messieurs. » En deux mots on lui conte l'affaire, tout en augurant assez mal de ce douanier mal léché. Mais le brigadier, s'excusant de sa tenue, nous conduit à une maison placée en face de sa cabane et qui est sa résidence officielle. Sa femme, accorte et proprement vêtue, nous en fait les honneurs pendant qu'il va revêtir son habit d'ordonnance. Il reparaît l'instant d'après : ce n'est plus le même homme; l'humble savetier, courbé sur sa tâche grossière, est devenu, grâce à l'habit, un robuste et hardi gaillard à la tournure militaire, aux manières affables et presque distinguées.

Le douanier laboureur avait, de son côté, découvert une charrette, qu'un jeune Breton aux longs cheveux jaunes, à la figure gracieuse et joviale, se chargeait de conduire pour trois francs à Sarzeau.

Avant de partir il faut accepter le petit verre.

Le petit verre est pour le Breton ce que le calumet est pour l'Indien, le symbole de l'hospitalité. Nous ne pouvons refuser cette politesse ; on nous sert une charmante liqueur, intermédiaire entre l'eau de javelle et le *sapré-chien* : c'est l'eau-de-vie de pommes de terre bretonnes; c'est un peu vif et ce peuple est très-poli ; le village entier veut nous faire raison. C'est attendrissant; nous partons les larmes aux yeux.

G*** veut offrir quelque argent au douanier qui a cherché la voiture; à cheval sur sa consigne, le brave Breton repousse la pièce, en détournant la tête avec l'air d'un chat refusant de la crème; mais il consent à ce qu'on la donne à sa fille, petite tête blonde qui, ne comprenant pas la situation, se cache, au lieu de prendre l'argent, dans les jupons de sa mère.

Grâce au brigadier, qui nous conduit par des chemins impossibles, mais beaucoup plus directs que celui que nous avions pris en venant, nous sommes bientôt de retour au lieu du naufrage ; on débarque les effets, et les matelots peuvent retourner auprès de leur infortuné patron, qui manœuvre toujours sa pompe avec une ardeur désespérée.

La scène devient alors assez comique : partagés entre le sentiment de leur devoir et la crainte d'en abuser, les douaniers font ouvrir les malles avec force excuses et examinent tout dans le plus grand détail, retournant chaque objet, sondant le plus petit recoin.

Jamais voyageurs ne furent visités, fouillés, déshabillés, emb.... nuyés sous toutes les faces, avec plus de conscience et de soin, mais en même temps avec plus de formules de politesse et de protestations respectueuses ; c'était à leur demander pardon de leur peine.

G***, toujours gai et spirituel, trouve pourtant moyen de hâter les perquisitions en *blaguant* agréablement ces trop consciencieux fonctionnaires.

Il leur raconte, entre autres, à propos de ces petits tubes d'étain qui renferment les couleurs et qui étonnent énormément ces Bretons bretonnant, qu'un douanier belge avait été assez ridicule pour vouloir les confisquer, en disant que les couleurs étaient

peut-être préparées à l'esprit de vin ; les bons douaniers se hâtent de passer outre, en riant beaucoup
de la stupidité de leur collègue flamand.

Grâce à ce procédé, la visite, qui eût bien duré
deux heures et demie, est terminée en trois quarts
d'heure ; enfin nous pouvons refermer nos malles ;
et nous nous mettions en devoir de les transporter
de rocher en rocher jusqu'à la route où la charrette
les attendait, quand les douaniers, passant d'une
rigueur naïve à une obséquiosité surprenante et
comme honteux d'avoir fait leur devoir, chargent
eux-mêmes les malles et les paquets sur leurs
épaules et, malgré notre résistance, les portent jusqu'à la voiture. Ce zèle exagéré suggère à G***
une idée assez bouffonne : il veut prendre à part
le brigadier et lui dire gravement, une main dans
le gilet et l'autre derrière le dos : « C'est bien ; j'ai
constaté ce que je voulais savoir ; je suis content de
vous. »

Mais les petits chevaux jaunes à longue crinière
s'impatientaient ; la nuit effaçait déjà les chemins, et
puis il n'est prudent de jouer ni avec le feu, ni avec
des têtes bretonnes ; on fait donc circuler la bouteille à la ronde ; on partage, sur un men-hir, un
saucisson et un pain, que les émotions et les fatigues de la journée rendent délicieux ; et, après force
poignées de main, compliments et protestations
d'amitié de part et d'autre, on se sépare.

Quelques instants après, nous nous enfoncions

derrière la charrette dans d'étroits chemins creux, sentant la chouanerie à faire frissonner les mânes des Hoche et des Marceau, et nous jetions un dernier regard sur la mer immense et sur la barque échouée, où le père Penn pompait toujours.

## SARZEAU ET VANNES

N'oublions pas de dire que le lieu précis du naufrage était la baie de Kérouse, petite anse située au fond de la baie d'Abraham, entre la pointe Saint-Gildas et la pointe Saint-Jacques, célèbre par un ancien couvent de templiers. Ces renseignements nous étaient donnés par notre guide, à qui nous racontions, avec la satisfaction d'en être nous-mêmes les historiens, les circonstances de notre naufrage.

La nuit était venue : bientôt la lune montra son disque argenté sur l'horizon et jeta ses pâles lueurs sur cette campagne, dont le calme et la majesté sauvages et peut-être aussi les souvenirs qu'elle rappelle, portent au silence et à la rêverie.

Aussi tandis que G***, sa pique à la main, marchait à côté du paysan breton et l'interrogeait sur l'histoire et les légendes de cette terre privilégiée, où nul souvenir ne meurt, où nulle tradition ne s'éteint, il semblait à ses deux amis, couchés sur la paille de la charrette et protégés par un large manteau contre la rosée et la fraîcheur de la nuit, qu'eux aussi faisaient partie de ces bandes héroïques, commandées par Lescure, Larochejaquelein et Cathelineau, ces trois immortels défenseurs de la Bretagne, et que, blessés en combattant pour elle, ils fuyaient par les chemins creux, conduits par un paysan dévoué, pour échapper à la poursuite des bleus et rejoindre leurs amis vaincus, mais non découragés.

C'est au milieu de ces réflexions poétiques et guerrières que nous arrivons à Sarzeau, à demi morts non de nos blessures imaginaires, mais de fatigue et de faim.

Une gigantesque omelette, ce mets providentiel des voyageurs affamés et tombant à une heure indue dans une assez pauvre auberge, est préparée à la hâte et relevée à l'aide du saucisson que le prudent L*** au milieu de tous ces événements, n'a pas abandonné. Une salade et du fromage complètent ce repas lacédémonien, au milieu duquel B***, combattant le sommeil pour satisfaire sa faim et oubliant sa faim pour céder au sommeil, met enfin, de guerre lasse, ses deux coudes dans son assiette et s'endort profondément.

Il fallut le porter dans sa chambre, vaste boîte en planches garnie de trois grabats, sur l'un desquels un roulier se livrait, sous le prétexte insidieux de dormir, à de magistrales variations de bugle et de saxe-horn. Cinq minutes après, les ronflements de B*** et ceux du roulier, son voisin, se succédaient à des intervalles aussi réguliers que les battements de deux horloges. Mais le malheureux L***, soit qu'il ait le système nerveux plus irritable, soit que la nature ait mis dans son sang quelque chose de particulièrement agréable à ces petits monstres, se trouve bientôt dans l'état de Gulliver assailli par les Lilliputiens; ce ne sont plus des compagnies, mais des légions, des myriades, une onzième plaie d'Égypte; le Pouliguen est dépassé.

Tout à coup la porte de la chambre s'ouvre avec fracas et G***, l'œil en feu, les joues tuméfiées, la chevelure en désordre, s'élance au lit de L*** et, dans une pose digne de Talma, lui lance un : Qu'en dis-tu? farouche... — L*** ne lui répond qu'en lui montrant d'un doigt fiévreux et ensanglanté les cadavres de ses ennemis : — « Je vais coucher dans la diligence,» s'écrie G*** à ce spectacle plein d'horreur; et, malgré le désespoir de l'hôte qui jure ses grands dieux que jusqu'à ce jour aucun voyageur ne s'est plaint chez lui d'une chose semblable (ô cuir breton !), G*** persiste dans son idée et, grâce aux banquettes mal rembourrées, mais solitaires, de l'administration Laffitte et Caillard, fait jusqu'au matin un excellent somme. Quelques chiens errants troublèrent seuls par leurs aboiements sa retraite nocturne; mais de temps en temps M. Zari, autrement dit Gapo, paraissait, sublime de courage et d'aristocratique dédain, à la portière de la diligence, et tout rentrait dans l'ordre.

Pendant ce temps, L*** continuait le cours de ses

3.

exploits, hélas! ensevelis dans les ténèbres; B*** ron-
flait toujours.

Dès le jour on partit avec précipitation, trop heu-
reux de fuir au plus vite cette terre de cannibales.
Trois heures plus tard, après avoir côtoyé la mer du
Morbihan et traversé Saint-Colombier, Saint-Armel
et Noyalo, nous entrions à Vannes.

## LA MER DU MORBIHAN ET LOCMARIAKER

Vannes est probablement une ville fort curieuse à
visiter en détail ; mais le démon des aventures nous
tourmentait si bien, qu'après avoir écrit quelques
lettres, pris quelques heures de repos sur des lits à
peu près inhabités, et fait rapidement le tour de la
ville, par acquit de conscience, nous partons dans
une barque de pêche pour Locmariaker.

Il est difficile de voir quelque chose de plus original — Hoffman dirait fantastique — que cette traversée, surtout si l'on part avec la marée du soir, et
que bientôt l'on ne soit plus guidé sur cette mer
étrange que par une lune blafarde, à demi voilée par
le brouillard.

La mer du Morbihan n'est autre chose qu'un vaste
golfe semé d'îles ou plutôt de rochers arides et d'un
aspect sinistre, qui divisent cette petite mer en un
dédale de canaux tantôt larges comme des lacs, tantôt resserrés comme des fleuves, et dans lesquels les

flots, attirés et repoussés tour à tour par le flux et le
reflux des marées, produisent des courants et des
tourbillons d'une puissance et d'une rapidité terribles.

Les belles vagues transparentes de la haute mer
ne sont pas effrayantes, et lorsque, dans la baie d'A-
braham, nous crûmes un instant qu'il nous faudrait
gagner la rive à la nage, nous regardions sans trop
de crainte les montagnes humides qui devaient nous
y porter ; mais les flots courts, écumeux, bruyants
et opaques de la mer du Morbihan produisent une
mpression toute différente. On comprend avec luci-
dité qu'une planche seule sépare la mort de la vie et
que l'on a sous les pieds un abîme profond, sinistre,
insatiable qui, pareil à l'avare Achéron, s'empare de
sa proie, l'emporte en la ployant comme un brin
d'herbe et ne la rend plus.

Entraînée par le vent et la marée, la barque glis-
sait, penchée comme une mouette, sur ces courants
rapides ; malgré l'attention des marins, elle tres-
saillait parfois sous le choc des tournants, et déviant
brusquement de sa marche, cédait un instant à leur
influence terrible ; mais bientôt, grâce aux efforts de
la voile et du gouvernail, elle s'arrachait à cet attrait
vertigineux et, soulevant devant elle un flot d'é-
cume, reprenait sa course vagabonde entre les îles
qui fuyaient tour à tour derrière elle comme les fantômes de Klopstok.

L'une d'elles, l'île des Gav'rinis, renferme une ca-

verne druidique qu'on nous avait beaucoup vantée.
Nous échouons la barque dans un amas d'herbes marines qui bordent le rivage et ralentissent l'impétuosité du courant et, après avoir gravi quelque temps
un sentier rébarbatif, dont les pierres roulent sous
nos pieds et dont les ronces ensanglantent nos jambes, nous arrivons, guidés par les matelots, à un
fouillis d'épines qui masque l'entrée de la grotte.

Il faisait nuit close; mais G***, allumant une bougie
dont il avait eu soin de se munir dans cette intention, écarte les branches avec sa pique et pénètre le
premier dans l'étroit couloir trop pompeusement
décoré du nom de caverne.

Ce n'est autre chose qu'une galerie longue de 15 à
20 mètres, haute de 1 mètre 50 environ, et formée
dans tous les sens de larges pierres plates couvertes
d'ornements uniformes qui rappellent grossièrement
le bâton recourbé des patriarches. La galerie s'élargit un peu vers la fin et se termine en une espèce de
chambre où l'on tient facilement cinq ou six personnes. Dans la pierre qui forme une des parois de
cette chambre, on remarque deux trous qui communiquent entre eux et forment une sorte de conduit qui peut donner passage à un bras humain; on
a fait sur ce trou, sur la caverne et sur les druides en
général, des suppositions plus ou moins sinistres
que du reste l'aspect de cette sombre nature justifie
parfaitement.

Quelques heures après on arrivait à Locmariaker;

la mer était tellement basse que la barque se traînait dans la vase depuis une demi-heure, lorsqu'elle parvint enfin à l'informe amas de pierres qui forme dans ces flots boueux une grossière jetée de près d'un quart de lieue.

Il était tard, on était fatigué, mais un souper et des lits excellents (les meilleurs de tout le voyage avec ceux de Quimperlé) réparèrent si bien nos forces que le lendemain, au point du jour, nous explorions avec une ardeur d'antiquaire cette patrie classique des dolmens et des men-hirs.

Au sud-ouest de Locmariaker, presque en sortant du village, on rencontre successivement deux dolmens; le plus important est brisé en trois morceaux et présente une sorte de grotte formée d'une série de grosses pierres.

Tout à côté, un peu plus à l'ouest, un gigantesque men-hir brisé gît par terre comme un titan vaincu; quelle force a pu dresser ce monolithe de près de 20 mètres de haut, quel coup de tonnerre l'a renversé? Les savants réfléchissent et fondent là-dessus des systèmes contradictoires; les artistes regardent et font un croquis sans réflexions; chacun son métier.

Un peu plus loin et dans la direction de l'ouest, on rencontre un dolmen fort remarquable; la table, supportée sur trois autres pierres, a près de 8 mètres sur 5 mètres; le dolmen, semblable à ces poissons dont la tête est énorme et le corps petit, se termine par une petite avenue de pierres disposées en grotte.

Sous la table du dolmen est dessiné un instrument bizarre qui rappelle le couteau des ardoisiers.

A l'ouest-nord-ouest, un autre petit dolmen non déblayé.

Un peu plus loin, et vers le nord-ouest, sous un tumulus considérable, une caverne semblable à celle de Gav'rinis; sur la dalle de pierre qui est à l'entrée on remarque un dessin qui ressemble au profil du marteau de forge appelé marteau frontal.

Quelques autres dolmens moins importants sont dispersés dans diverses directions, mais les monuments druidiques ont cela d'agréable qu'ils se ressemblent tous, et lorsqu'on a vu deux ou trois échantillons de men-hirs et de dolmens on peut parfaitement se dispenser de voir les autres.

## AURAY. — SAINTE-ANNE. — LA CHARTREUSE

Le lendemain, au point du jour, nous remontions la délicieuse rivière d'Auray, toute bordée pendant plusieurs lieues de ces blanches maisons de campagne et de ces parcs ombreux, que l'imagination se plaît à peupler de romans mystérieux et doux comme les poëmes de M^me de Souza.

La petite ville d'Auray, avec ses rues en pente, ses

maisons peintes et sa rivière, ne manque pas
d'originalité, mais les environs surtout en sont
charmants; on découvre du haut d'une tour qui
domine la promenade et qui permet d'embrasser
d'un coup d'œil une immense étendue, Ploermel,
Kéridan, la Chartreuse, Sainte-Anne, Mériadec,
Plumeret, en un mot cette ravissante plaine du bas
Morbihan qui fait d'Auray le rendez-vous général des
artistes voyageurs et des voyageurs artistes.

Un cariolis, que l'auberge du Pavillon d'en haut
fournit pour quelques francs, permet de visiter
Sainte-Anne et la Chartreuse en une journée.

Sainte-Anne est un des pèlerinages les plus véné-
rés de la Bretagne; aussi la grande rue qui fait face
à l'église est-elle entièrement garnie des deux côtés
par de petites boutiques d'objets religieux, croix,
chapelets, images, scapulaires, etc., etc., dont il
faut se hâter de faire provision si l'on veut échapper
au concert d'invitations, d'interpellations, d'adjonc-
tions et même d'imprécations qui accompagnent le
voyageur hésitant ou récalcitrant.

A la porte de l'église c'est une autre scène; une
nuée de pauvresses vous entourent, vous poursuivent,
vous arrêtent : — Monsieur, je prierai pour le salut
de votre âme. — Monsieur, je dirai trois chapelets
pour vous. —Monsieur, je ferai le tour de l'église à
genoux...

Et tout cela pour deux sous.

On donne les deux sous gratis et l'on peut enfin

entrer dans une chapelle qui n'a de remarquable que le nombre prodigieux d'ex-voto, de dons, d'offrandes qui couvrent les murs, chargent les colonnes, encombrent les autels et pendent au plafond, faisant de ce lieu si simple en apparence, un des plus touchants témoignages d'espérance, de reconnaissance et de foi qui soient au monde.

Nous faisons bénir nos médailles et nos chapelets et, après avoir décoré nos boutonnières de l'aiguillette formée de perles bleues et de houppettes de coton rouge qui distingue les pèlerins d'Auray, visité la fontaine miraculeuse, ornée d'une statue de sainte Anne et de la Vierge enfant, dessiné, sur le seuil de l'hôtellerie, une vieille fée en camisole de tricot et en capuche bleue qui fume tranquillement une vieille pipe sur un vieux tronc d'arbre, et déjeuné comme on déjeune en Bretagne, nous partons pour la Chartreuse, autre pèlerinage respecté de tous par les souvenirs qui s'y rattachent et vénéré des Bretons, qui l'appellent le Champ des Martyrs.

L'aspect de la nature, aux environs de ce lieu funèbre, est en harmonie singulière avec l'horrible drame qui s'y jouait en 1795. Dans les chemins creux, remplis de pierres et de broussailles, dans les ravins noirs et désolés, sous les sapins aux troncs rouges et nus, partout on sent, on devine, on suit, comme sur une trace de sang, ces héroïques vaincus qui, traqués comme des bêtes fauves par les républicains, choisissaient ce dernier champ de bataille pour s'embrasser une dernière fois, tirer leur dernier coup de fusil et tomber en s'écriant : vive le roi ! vive la France !

Le Champ des Martyrs est désert et silencieux comme la mer Morte ; il n'y croît que de maigres bruyères et des ajoncs épineux ; des cyprès y jettent leur ombre funèbre, et le vent qui passe dans leurs rameaux semble encore rempli des gémissements des victimes et de l'odeur du sang.

Un monument très-simple portant cette inscription : *Hic ceciderunt,* marque le lieu précis de cette terrible scène.

Un peu plus loin est la Chartreuse ; un sourd-muet, symbole du double silence qui règne dans la tombe et qu'on doit aux tombeaux, ouvre la grille et conduit les voyageurs à la chapelle, puis au monument funéraire élevé par la duchesse de Berry.

C'est une enceinte carrée entièrement construite en marbre blanc et en marbre noir ; des bas-reliefs représentent la duchesse de Berry, d'un côté posant la première pierre et de l'autre recevant les clefs de cette tombe si pleine, pour elle surtout, de souvenirs, d'enseignements et de douleurs.

Au milieu de la salle, un catafalque en marbre blanc porte les noms des neuf cents victimes et recouvre leurs cendres ; le sourd-muet ouvre la porte du caveau, soulève une dalle, attache une lampe au bout d'une corde et la balance dans la profondeur du sépulcre où les crânes de ces héros roulent pêle-mêle avec leurs ossements.

Le retour fut très-silencieux.

Le lendemain matin, le sac au dos, le bâton à la main, nous prenons à pied la route de Carnac.

## CARNAC, LE MONT SAINT-MICHEL

Après avoir fait environ deux lieues sur la route de Plouharnel, on trouve à gauche un chemin de traverse qui conduit directement à Carnac.

La chaleur était accablante et nous allions lentement, chantant, cueillant des fleurs ou des mûres, ramassant des insectes dorés ou poursuivant des papillons, comme des pensionnaires en vacances.

Une petite scène de mœurs nous arrêta longtemps: une grosse chenille verte traversait la route et, parvenue au pied du mur qui borde le chemin, se hâtait de le gravir afin de trouver dans l'intervalle des pierres un refuge contre la poursuite acharnée d'une grosse demoiselle très-féroce.

Trois fois elle tente l'ascension, trois fois elle retombe, précipitée dans l'abîme par un coup d'aile ou de griffe de son ennemie; enfin, étourdie par sa chute, elle cesse de fuir et de se défendre, et la demoiselle, profitant de sa victoire, se précipite sur le cou de la chenille, s'accroche à son dos, l'entoure de ses pattes et tente de l'emporter dans les airs; ne pouvant y parvenir, elle enfonce ses mandibules dans le corps de sa victime, pompe son sang et, rassasiée de carnage, s'envole joyeuse en chantant un fronfron de triomphe... Mais, ô vanité de la gloire! entre deux brins de genêts s'étend *l'embuscade d'une araignée;* la demoiselle y tombe et la voilà tirant, jurant, se débattant et s'empêtrant de plus en plus dans l'inextricable réseau.

L'araignée tapie au coin de sa toile sous une feuille sèche, considérait la rage de sa belle proie avec l'attention prudente d'un gourmet regardant un sanglier pris au piége; un quart d'heure se passa; la demoiselle se trémoussait avec la fureur du désespoir; l'araignée la laissait faire avec la férocité froide d'un huron; mais comme la scène menaçait de se prolonger indéfiniment, nous intervenons en rapprochant les deux ennemies; le dénoûment ne se fit pas attendre; semblables aux rats de M. Magendie qui se dévorèrent mutuellement jusqu'à la queue, les deux bêtes féroces se précipitent l'une sur l'autre et s'enlacent dans un embrassement horrible; la demoiselle en trois coups de ses terribles mâchoires engloutit la panse velue de l'araignée, mais celle-ci, perçant sa rivale au cœur, pompe sa substance et l'empoisonne de son venin.

L'instant d'après, deux cadavres informes jonchaient la poussière du sentier.

Un peu plus loin, et pour abréger la route, nous prenons à travers champs. Nous disons champs, ne

sachant trop de quel terme nous servir pour dési-
gner l'étrange contrée qui s'étend autour de Carnac.

Il y a dans un conte des *Mille et Une nuits*, un
certain Calender qui suit à la course une boule ma-
gique qu'un ermite lui a donnée pour guide. Cette
boule le conduit au pied d'une montagne mysté-
rieuse qu'il gravit avec un certain effroi, car il lui
semble que cette solitude est peuplée d'êtres invisibles et que les pierres s'animent et parlent derrière
lui; cette inquiétude du Calender, nous la compre-
nions parfaitement en face du tableau que nous
avions devant les yeux.

Qu'on se figure une immense plaine uniquement
peuplée d'ajoncs gris à fleurs jaunes, de bruyères
violettes et de maigres arbustes courbés par le vent
de la mer; de trois côtés la plaine s'incline et forme
insensiblement un vaste lac desséché, dont le fond
verdâtre est rempli d'énormes pierres noires semblables à des monstres marins qui sommeillent ou
qui rêvent; une digue de terre ferme le lac, et sur
cette digue s'élève une pauvre masure à demi cachée
sous des arbres sombres et ramassés dont les vents
salins de la côte semblent avoir rongé et arrondi les
contours. Ni la voix d'un paysan pressant ses bœufs,
ni le chant lointain du coq, ni l'aboiement d'un
chien ne troublent le silence de ce désert, qui n'est
animé que par le bruissement d'insectes invisibles
et par ce branle mystérieux que les couches de l'air,
dilatées par le soleil d'août, communiquent à la

terre, aux nuages et à toute la nature vers le milieu du jour.

Absorbés dans nos réflexions, et surtout accablés par la chaleur, nous contemplions sans dire un mot ce lieu maudit qu'on eût dit frappé du courroux céleste, quand tout à coup un hennissement bruyant et prolongé nous fit remarquer un poulain, jaune comme le cheval de d'Artagnan, qui galopait dans les ajoncs avec la joie et les pétarades de la liberté ; le charme était rompu ; nous reprenons notre course à travers champs et nous nous dirigeons, à la sueur de notre front, vers un bois de sapins qui déroule à l'horizon son écharpe vert-bouteille.

A peine entrés sous ces ombrages épais nous respirons avec bonheur une fraîcheur délicieuse mêlée à l'odeur pénétrante des arbres résineux ; mais soit que nous ayons ce jour-là l'esprit singulièrement ouvert aux impressions poétiques, soit que cette terre, ensanglantée autrefois par les sacrifices des druides, au moyen âge par les luttes d'une nation contre les rois, et, plus récemment, par celle des rois contre une nation, soit que cette vieille Bretagne, où chaque plaine rappelle un combat, chaque ruine une ballade, chaque croix une légende, impressionne vivement l'imagination ou cache réellement un peuple d'esprits dans ses bruyères et dans ses forêts silencieuses, le fait est que, semblables à Renaud dans le bois enchanté de Jérusalem, il nous semble entendre autour de nous des frôlements de

robe et des chuchotements moqueurs ; à tout
moment nous pensions voir l'écorce polie des sapins
s'entr'ouvrir et liver passage à une foule de nymphes
charmantes qui se seraient enfuies en rougissant
comme des fraises, après nous avoir salués de l'air
le plus gracieux du monde.

Ainsi disposés au merveilleux, nous ne fûmes pas
très-surpris quand soudain, au sortir de la forêt,
nous aperçûmes une longue file de fantômes se
détachant en gris sur l'horizon bleu !... Nous étions
devant les fameux alignements de Carnac ; rien n'est
à la fois plus simple et plus imposant.

Qu'on se figure une armée dont les rangs paral-
lèles, distants de huit à dix mètres et longs d'un
quart de lieue, sont formés de blocs de granit
couverts de mousse et rongés par le temps, grena-
diers séculaires dont la plupart sont encore debout.

La tête de la colonne et les lignes du milieu sont
composées de blocs énormes ; les dimensions dimi-
nuent à l'arrière-garde et sur les ailes.

En voyant l'ordre qui préside à l'arrangement de
ces pierres, suivant leur volume et suivant des alignements déterminés, on ne saurait méconnaître le
génie et le travail de l'homme, et pourtant, devant
la grandeur et la naïve majesté de l'œuvre, on se
demande si l'architecte n'est pas plutôt une de ces
forces lentes et mystérieuses à l'aide desquelles la
nature déplace les montagnes et transporte les
rochers.

Du reste, par sa grandeur et sa simplicité mêmes, ce cadre ouvre un champ plus libre à l'imagination; aussi, mêlant

> Un peuple de vivants à ce peuple de pierres,

nous remontons les âges et nous assistons par la pensée à l'une de ces cérémonies religieuses qui avaient le ciel et ces rochers pour temple, une nation pour témoin, les druides pour sacrificateurs, et trois cents victimes humaines pour holocaustes !

Nous sommes en l'an 55 avant notre ère; la vieille Armorique, si fière de son indépendance, a tremblé; des envahisseurs inconnus, venant du sud, ont traversé la Gaule et menacent les frontières de Bretagne; les fils d'Odin ont reculé, pour la première fois, devant les soldats de César : il faut consulter les dieux.

Un matin le silence du désert est troublé par un bruit lointain et terrible comme celui de la mer; c'est le tumulte d'une nation; les plaines, les vallées, la lisière des bois et des ravins se garnissent, comme un immense amphithéâtre, d'une innombrable multitude, et la plaine de Carnac disparaît sous les voiles blancs des Armoricaines et les armures étincelantes des guerriers; l'enceinte des menhirs est seule respectée; mais bientôt le cortége des druides s'avance entre les pierres mystiques et se dirige lentement vers l'autel des sacrifices.

Le front ceint de verveine, leurs faucilles d'or à la main, les vierges marchent les premières, portant le gui sacré; les bardes les suivent, chantant les hymnes d'Odin sur les harpes de buis; la foule répète le chœur, et les guerriers marquent la mesure en choquant les framées contre les boucliers d'airain.

Cependant le grand prêtre a franchi les marches de l'autel; les chants se taisent et l'on n'entend plus que le murmure de la foule et les gémissements des malheureux destinés à sauver le peuple en mourant pour lui.

Mais il faut encore que le ciel se prononce.

Le moment est solennel; un silence profond règne sur la plaine, et les druides debout sur les men-hirs bénissent la foule agenouillée; un taureau sans tache est amené sur l'autel et tombe sous le couteau sacré; le grand prêtre se penche sur les entrailles fumantes... mais bientôt il recule épouvanté... d'effroyables malheurs menacent la patrie... les dieux veulent du sang !...

Aussitôt un immense assemblage de troncs d'arbres réunis à la hâte et représentant grossièrement une forme humaine, s'élève et reçoit dans ses flancs l'hécatombe humaine qui doit apaiser le ciel. Les pieds du hideux colosse sont entourés de feuilles sèches et de broussailles; les torches de sapin sont allumées; le grand prêtre entonne le chant de mort, que répètent les druides, les bardes et les guerriers... la flamme brille... et les clameurs de la foule couvrent les cris des victimes... mais tout à coup !...

Nous nous aperçûmes qu'il était six heures du soir, que le jour baissait et qu'il fallait nous hâter de partir si nous voulions voir, du haut du mont Saint-Michel, le soleil se coucher dans l'Océan..

Cette petite montagne, élevée en partie à mains d'hommes et couronnée par une petite chapelle, est un des points de la Bretagne d'où l'on a la vue la plus belle et la plus étendue; devant soi la mer, la mer immense avec les îles de Hoat, d'Hœdic, de Belle-Ile et de Groix à l'horizon; plus près la sablonneuse jetée qui relie la terre à Quiberon, de triste et glorieuse mémoire; sous les pieds les champs de Carnac, et derrière soi la campagne de Locmariaker, d'Auray, de Plouharnel et d'Erdeven.

En arrivant au sommet de la montagne, un cri d'admiration nous échappa.

Du côté de l'est, le ciel et la mer, confondus dans les vapeurs grises et violacées du soir, prolongeaient à l'infini ces tons opalins et moirés, ces teintes sombres et transparentes, douces comme les élégies de Lamartine, profondes comme les mélodies de Schubert.

A l'ouest, au contraire, éclataient toutes les splendeurs du couchant; c'était d'abord une lutte d'azurs et de verts, d'ocres et de laques, à décourager Rubens; puis tous ces tons, éclatants sans dureté, criards sans désaccord, se confondaient dans une pourpre étincelante, semée de nuages sanglants à franges d'or, et, derrière ces nuages, le disque

4

éblouissant du soleil, lançant des gerbes de lumière, descendait lentement d'un ciel de feu dans un océan de vermeil.

Si le ciel était magnifique, la terre était charmante : la nature était d'une couleur exagérée, mais splendide ; tous les objets saillants, clochers, maisons, forêts, sapins et broussailles, rochers et cailloux, frappés d'un côté par l'éclat du soleil couchant, reflétaient ses tons empourprés, et de l'autre projetaient derrière eux ces longues ombres violettes qui couvrent la campagne d'un voile mélancolique et lui donnent ce charme mystérieux qui n'appartient qu'au soir.

Cependant ce superbe tableau s'efface peu à peu. Un vent frais s'élève et double un appétit qui grandit à mesure que notre admiration diminue ; la nuit descend, nous faisons comme elle et nous arrivons à Carnac, criant famine et menaçant de tout dévorer.

L'hôtellerie de Carnac est heureusement l'une des meilleures de la Bretagne ; les lits y sont... déserts, la cuisine appétissante, et le vin fort supportable, trop supportable même... Il faut vous l'avouer, notre ami... — permettez-moi de ne pas vous dire lequel, — a deux petits défauts qui lui feront beaucoup de tort dans le monde : il est trop timide avec les femmes, il ne l'est pas assez avec les huîtres arrosées de petit blanc ; aux unes il ne sait pas dire oui, aux autres il ne sait pas dire non.

Aussi, comme les huîtres de Carnac sont, malgré leur forme bizarre, les plus délicates du monde, et que la chaleur et les fatigues de la journée avaient terriblement altéré notre pauvre ami, vers la fin du repas il laissa ses compagnons aller admirer tout seuls les bords de la mer argentés par un superbe clair de lune, et rêva jusqu'au matin que son lit flottait sur l'Océan et se trouvait le jouet d'une horrible tempête.

## QUIBERON. — DEUXIÈME TRAVERSÉE.
### BELLE-ILE

Le lendemain à cinq heures nous sommes sur pied. L'un de nous, — celui dont je dois continuer à taire le nom, — éprouve bien un léger malaise causé par son voyage nocturne, mais il se garde bien de nous en faire confidence et, dès que G*** a terminé le croquis d'un portail fort curieux (du temps de Louis XIII, je crois) qui décore l'entrée de l'église, nous partons, par la plus délicieuse matinée du monde, pour Plouharnel, afin d'y prendre au passage la voiture de Quiberon.

Mais comme nous arrivons en avance d'une demi-heure, notre ami, de plus en plus pâle, demande du café ; nous suivons son exemple et nous avalons de confiance une atroce décoction parfaitement inconnue aux peuples civilisés, quelque chose de trouble, de douceâtre et d'écœurant qui nous met mal à l'aise et ne contribue pas à rétablir notre infortuné compagnon.

Enfin nous voilà grimpés dans une carriole à six places, décorée du titre de diligence, en compagnie du conducteur, un bon gros garçon, frère de notre hôtesse d'Auray, ténor campagnard qui chante *la Favorite* à sa manière... O Donizetti!... et transporte, avec le grand air de *la Juive*, un bon gendarme, qui ne déteste pas, dit-il, les liqueurs *spirituelles*, et le prouve par l'enthousiasme de sa conversation.

La route de Plouharnel à Quiberon est vraiment curieuse.

A droite et à gauche la mer, qu'on ne perd de vue que rarement, derrière quelque accident de terrain, et devant soi les sables de l'étroite presqu'île dont on suit, aussi bien que sur une carte, les jaunes contours sur les flots bleus.

Au fort Penthièvre, le point le plus resserré de l'isthme, il faut exhiber ses noms, prénoms et qualités, et bien nous en prend d'avoir des passeports en règle; on est sévère en diable et l'on a des moustaches qui ne plaisantent pas au fort Penthièvre.

Au delà, la presqu'île double presque de largeur sans devenir pour cela plus fertile et plus boisée: du sable, rien que du sable. Pour toute végétation, nous remarquons entre Saint-Pierre et Quiberon des men-hirs qui se détachent sur le ciel comme des moines encapuchonnés.

Voici Quiberon, qui n'offre de particulier que ses souvenirs; le bateau-poste de Belle-Ile est prêt à partir, mais comme la mer est très-basse, il nous faut franchir un quart de lieue de roches couvertes d'herbes gluantes et glissantes, sur lesquelles nous trébuchons comme des patineurs avinés, pour atteindre le canot qui conduit au bateau de transport.

Ce bâtiment est très-petit mais très-encombré; le milieu du pont est creusé d'un grand trou plein de tonneaux; le reste est couvert de caisses, de paniers, de colis de toute nature, y compris les passagers qui ne savent littéralement où se fourrer pour éviter les cordes de manœuvre qui s'entortillent dans leurs jambes, les gaffes des matelots qui menacent leurs têtes, et les jurons du capitaine qui compromettent leur dignité.

Cependant personne ne tombe à l'eau, tout s'arrange, chacun se case, et nous voilà partis par un bon vent.

La mer est superbe, et nous avons fait les deux tiers du chemin, quand nous apercevons une espèce de barre à l'horizon; c'est une grande bête de vague longue d'une lieue, qui s'avance rapidement sur nous. Quel est donc ce mystère? il paraît que le vent a sauté du nord au nord-est; — parfait — nous sautons aussi, car la grande vague est arrivée, et, à sa suite, un nombre indéfini de grandes vagues. X***, qui est très-expansif sur mer, entre immédiatement en conversation avec les poissons; Y*** a mis son système en pratique et s'en trouve bien : couché sur le dos près du grand mât, et roulé dans son manteau comme un ver à soie dans sa coque, il est pâle, mais calme. Quant à Z***, celui qui la nuit précédente avait eu des rêves si maritimes, il est encore oppressé par ses souvenirs, mais comme il n'a jamais connu le mal de mer et qu'il tient à soutenir sa réputation, il papillonne agréablement, plaignant X*** et plaisantant Y***.

Tout à coup : « Tu pâlis, Z***, s'écrie Y*** — Moi? Allons donc! je... » Patatra!!! décidément le café au lait de Plouharnel était détestable. Ceci posé, Z*** retrouve sa liberté d'esprit et d'estomac, et re-papillonne comme si de rien n'était. X*** continue à bavarder avec les marsouins.

Cependant le vent, qui tourne de plus en plus à l'ouest, nous porte droit sur la pointe Sainte-Foy, ce qui n'est pas du tout notre chemin; aussi commençons-nous une série interminable de bordées qui nous empêchent d'aller visiter le golfe de Gascogne et nous permettent d'entrer au Palais, qui est le port de Belle-Ile, après sept heures de navigation.

G*** est furieux et jure de ne plus mettre le pied sur ces machines qui vont sur l'eau. — L*** lui fait observer qu'il est dans une île et qu'à moins d'y passer le reste de ses jours... — Cette réflexion trouble B***, qui, se souvenant de son dialogue avec les soles, réfléchit à la ressemblance d'une île avec une barque, et se demande si ce petit morceau de terre est bien stable au milieu des flots.

Cependant, comme nous n'avons rien pris — au contraire — depuis le café de Plouharnel, et qu'il est une heure de l'après-midi, nous nous hâtons d'avaler un déjeuner passable pour un pays aussi entouré d'eau, et nous partons pour la mer sauvage qui est de l'autre côté de l'île.

Nous traversons les solitudes de Bangor; B***, qui n'aperçoit plus la mer, se croit sur le continent et retrouve sa gaîté.

Jusqu'ici l'île n'a rien de remarquable; c'est un sol pierreux, nu, stérile; aux environs du Palais seulement on voit des arbres, mais quels arbres! il est vrai que nous n'avons pas visité les extrémités de l'île; peut-être Sauzon et Loc-Maria sont-ils plus verdoyants.

Au delà de Bangor nous entrons dans une nature volcanique et tourmentée, et bientôt nous tombons dans un océan de sable dont les ondulations ont cent pieds de haut. Nous voilà perdus dans le dédale de montagnes et de vallées formées par cet uniforme sable jaune et fin dans lequel nous entrons jusqu'à mi-jambes; depuis le Palais nous n'avons pas rencontré figure humaine, et je pense qu'il faut aller dans le Sahara pour éprouver un pareil isolement. Seul, on ne pourrait s'y défendre d'un certain effroi;

le silence qui règne dans ces gorges profondes, la stérilité de ces pentes, la mobilité de ces vagues sablonneuses que le vent soulève et renverse à son gré, tout, depuis les oiseaux de mer qui passent en jetant leur cri lugubre, jusqu'aux ossements blanchis qu'on rencontre çà et là sur le sable, inspire un sentiment de tristesse et presque d'épouvante.

Aussi lorsque G***, perché sur la plus haute de ces collines, signale la mer, nous sommes enchantés, malgré nos griefs, de retrouver cette vieille connaissance, et nous la saluons comme une amie.

Nous approchons de la côte, et bientôt un admirable tableau se déroule devant nous : les rives, hautes et sinueuses comme des fortifications naturelles, s'interrompent brusquement de distance en distance pour former de vastes échancrures qui se perdent en mourant dans les profondeurs de l'île ; au fond de ces gorges, un sable fin, tassé, splendide et comme moiré par l'eau de mer ; sur les bords, et déchirant ce sol doux et blanc de leurs arêtes noires et abruptes, des rochers étranges, impossibles et plus semblables aux décors de l'Opéra qu'aux œuvres de la nature.

Il est généralement assez facile de reconnaître à l'aspect d'une roche les lois de sa formation ; mais que penser devant ces angles bizarres, ces brusques arêtes, ces assises tourmentées qui tantôt surplombent les flots, tantôt descendent vers eux par degrés gigantesques, et, prolongeant sous les eaux leurs reliefs capricieux, sèment au loin la mer de crêtes aiguës sur lesquelles les vagues de l'Océan, déferlant de toute leur puissance, déchirent leurs volutes bleues, bondissent, hurlent et retombent dans un effroyable chaos de roches sombres et de blanche écume : la mer sauvage !...

La nuit nous arrache à ce spectacle, et nous rentrons dans notre désert de sable où nous nous reperdons complétement.

Mais comme il fait un superbe clair de lune, que la nuit est tiède et que l'île a trois lieues de largeur, nous ne sommes pas trop effrayés et nous nous conduisons avec tant d'intelligence, qu'au bout de quatre heures de marche nous apercevons les lumières du Palais derrière nous.

Nous rétrogradons et, une heure après, nous soupons fortement et nous dormons de même.

Le lendemain, nous allons faire visite au commandant de la place, un homme charmant, qui nous apprend que l'île fourmille de lapins ; G*** ne veut plus partir. Cependant la majorité, moins passionnée, l'emporte ; on prendra le bateau à vapeur de Lorient qui relâche au Palais ce jour-là.

Nous visitons la citadelle avec le permis du commandant ; le guide nous montre de loin les détenus qui se promènent dans leur cour, et nous apprend qu'ils se divisent eux-mêmes en trois partis : les Blanquistes, les Purs et les Mastics ; les deux premières dénominations s'expliquent d'elles-mêmes ; la troisième s'applique à ceux dont les opinions ont légèrement... molli.

Mais voici le panache de fumée du bateau ; nous descendons sur le port. Au moment où nous allons nous embarquer, un monsieur s'approche et nous dit à l'oreille : « Vous pouvez rester à Belle-Ile ; je suis content de vous. »

Nous prenons ce monsieur pour un maître d'hôtel ou pour un fou, mais il ouvre sa redingote et nous montre une certaine plaque qui désigne clairement ses attributions.

Il paraît que dès qu'on met le pied dans Belle-Ile, on est suspect. Il faut peser ses paroles et mesurer ses gestes ; le batelier qui vous amène dans le port, le garçon qui porte vos paquets, l'hôtelier qui vous reçoit, le monsieur qui dîne à côté de vous, la fille qui fait la chambre et le domestique qui cire les bottes, mouchards!... le guide qu'on vous offre pour voir l'île, mouchard. En sortant du Palais, nous vîmes un mendiant couché dans un fossé..., mouchard ! Le soir, quand nous étions perdus, nous croisâmes deux paysans qui avaient l'air de conduire une charrette à bœufs..., mouchards !

Hélas!... et n'étant prévenus de rien, nous n'avons pas songé à leur inspirer la moindre inquiétude !...

A nous trois nous n'avons pas 70 ans ; nous sommes des artistes : un rapin, un enfant du Conservatoire et un jeune homme de plume, tous gens légers... d'hu-

meur, et nous n'avons pas même troublé le sommeil
de monsieur le commissaire de police de Belle-Ile...
Ah! la jeunesse est bien dégénérée!...


## TROISIÈME TRAVERSÉE. — L'ILE DE GROIX
### LORIENT


La traversée se passe fort bien, excepté pour B***
qui, malgré l'ample déjeuner du matin, arrive complétement à jeun en face de l'île de Groix.

Le bateau ne s'y arrêtant pas, nous ne pouvons y
descendre; mais L***, qui l'a visitée l'année précédente, raconte à ses amis que les côtes (celles du nord
seulement) en sont plus élevées et plus belles encore
que celles de Belle-Ile, qu'on y trouve de curieux
monuments druidiques et que c'est peut-être le point
de la Bretagne où les costumes et les mœurs se sont
le mieux conservés.

L'île est d'ailleurs verdoyante et bien cultivée; elle
fait un abondant commerce de sardines, qu'une multitude de petites barques à voiles rouges pêchent
entre Larmor et Saint-Tudy.

Le bateau nous descend à Port-Louis; une demi-
heure après, grâce à l'omnibus à vapeur qui fait le
trajet vingt fois par jour, nous entrons à Lorient.
L***, conduit par un doux souvenir, entraîne ses amis
à l'hôtel du Lion-d'Or où, l'année précédente, il

avait fait un assez long séjour et qu'il n'avait quitté qu'à regret.

Mais, hélas! au lieu du visage souriant de la jolie Marguerite, une honnête fille qui portait si gentiment le gracieux costume de Quimperlé, ce sont deux cornettes chiffonnées, couvrant à moitié des visages qu'elles feraient mieux de cacher tout à fait, qui nous reçoivent en rechignant; le maître d'hôtel est encore moins aimable, et sa maison lui ressemble. Des corridors noirs et gras, une salle à manger parfumée de ce brouillard bleu qui s'échappe des cuisines, du linge humide et taché de vin, des eaux de vaisselle croupissant dans les cours, des débris sans nom jetés dans tous les coins et des odeurs fades s'exhalant de partout, tel est le gracieux séjour que, grâce au prestige de deux jolis yeux, notre bon L*** avait trouvé le plus charmant du monde.

Et de la situation, pourtant, nous n'avons encore vu que les roses!...

Il est minuit; nos trois portes s'ouvrent en même temps. Une même pensée nous anime, et, du seuil de nos chambres, nous nous considérons d'un œil morne... Oh! matelas du Pouliguen; oh! paillasses de Sarzeau, vénérables bois de lit dont nous osions nous plaindre, estimables grabats que nous avons trop outragés, pardonnez-nous; nos blâmes étaient inconséquents, notre colère aveugle et nos injures prématurées; pleins d'illusions, nous entrions dans la carrière et, ne sachant pas ce que nous réservait l'avenir, nous cherchions querelle au présent et nous nous arrêtions à la petite bête... Encore une fois, pardonnez-nous !...

Ce dithyrambe prononcé avec les gestes du trio de Guillaume-Tell, nous rentrons dans nos trois chambres, nous enfilons nos trois pantalons, nous prenons sous le bras nos trois gilets et nos trois paletots, et nous descendons causer avec le propriétaire et lui dire : « Monsieur, pourquoi mettez-vous sur votre maison : Au Lion-d'Or, quand on dort si peu dans vos lits ? »

Mais le maître d'hôtel, prévoyant sans doute la question, a disparu ; les corridors sont déserts, les salles vides, les domestiques invisibles. Les chandelles, coiffées de leur bonnet de fer-blanc, dorment dans leur gaîne de cuivre et les tisons de la cuisine expirent en fumant dans la cendre éteinte.

Cependant, au bruit de nos pas et de nos exclamations, une armoire s'ouvre, et du rayon le plus élevé sort une tête : c'est une des servantes que nous effrayons probablement beaucoup, car l'armoire se referme brusquement et refuse de se rouvrir, malgré nos sommations énergiques. Livrés à nous-mêmes, nous prenons un grand parti ; nous tirons les verrous de la porte et nous voilà, toujours en simple appareil, sur la grande Place, où nous avisons un hôtel de propre apparence dont les lits nous permettent de réparer le temps perdu.

Ceci n'étant pas un guide du voyageur, mais un

journal où nous consignons nos impressions comme
un peintre jette des croquis sur un album, dessinant
la masure qui lui plaît et négligeant l'Hôtel de ville
qui l'ennuie, je ne dirai rien de la ville, du port et
des ateliers de constructions qui sont fort beaux et
fort curieux, mais sur lesquels MM. Richard et Napoléon Chaix donnent tous les renseignements dési-
rables.

A deux heures nous quittons Lorient dans une
petite carriole à un cheval, mais un cheval breton,
qui nous dépose le soir même devant l'auberge du
père Racine, à Quimperlé.

## QUIMPERLÉ

O vous qui parcourez la Bretagne avec des yeux
d'amants ou d'artistes, ce qui est la même chose,
Luminet, Jules Noël, Fortin, Leleu, Nanteuil, Ernest
Guillaume, Arthur de St-Genys et tant d'autres, peintres qui avez un nom, rapins qui voulez en avoir un,
vous tous enfin qui venez demander des inspirations
ou des enseignements à cette nature vierge et puissante, est-il un seul de vous qui ne connaisse Quimperlé et le père Racine, le père Racine et Quimperlé?...

Quimperlé, ce résumé de la Bretagne, cette petite
ville originale et poétique comme tout ce qui est ancien; Quimperlé, avec ses maisons de terre et de

bois, dont les étages en surplomb, les vieilles croisées garnies de carreaux verts à fond de bouteille, les pignons pointus et les toits couverts de mousse et de lichen, font de chaque rue, avec les accidents de lumière, les hardes pendues aux fenêtres et les costumes des passants, le plus vivant, le plus pittoresque, en un mot le plus *empoignant* des tableaux.

Quimperlé, avec sa grand'place et son champ de foire entourés de hautes maisons pleines de caractère ; son église, une ancienne abbaye de saint Benoît dont le portail sévère, les arceaux en plein cintre, les voussoirs serrés, les fenêtres étroites et la crypte aux lourds piliers appartiennent au roman primitif et font remonter ce monument aux premiers siècles de la chrétienté.

Quimperlé enfin, la charmante ville, plus charmante encore par ses environs où deux rivières, l'Isole et l'Ellé, tantôt précipitant leurs flots écumeux au fond de leurs versants de granit, tantôt les étalant sur le sable en nappes d'azur, prodiguent sur leurs rives embaumées ces trésors ignorés ou méprisés du vulgaire parce qu'ils sont faits de rien, d'un rayon de soleil tamisé par les feuilles, de l'ombre d'un arbre sur la mousse ou du reflet d'un rocher dans l'eau, mais qui font le bonheur de l'artiste et sa gloire quand il sait les peindre ou les chanter.

Voilà pour le Quimperlé ; quant au père Racine, il en est le complément obligé.

Le père Racine est le seigneur suzerain de l'hôtel

le plus propre et le mieux tenu de toute la Bretagne ;
il en est fier et il a raison. Grand comme son nom,
rond comme Sancho, gai comme Falstaf, gaillard
comme Rabelais, fin comme Prud'homme, artiste
comme Calino, le père Racine n'est pas un hôtelier,
c'est le père de tous ceux qu'il abrite sous son toit ou
qu'il fait asseoir à sa table.

Et pourtant son amour n'est point banal ; le père
Racine a des hôtes de prédilection ; à tous il donne
son sourire, mais il réserve son cœur aux artistes.

Les artistes !... voilà ses enfants gâtés.

C'est pour eux que sont réservés les plus belles
chambres et les meilleurs lits ; c'est pour eux, pour
eux seuls que l'exact père Racine consent à retarder
l'heure du dîner afin de permettre à ses favoris
d'achever une étude ou une excursion dans la
campagne.

C'est vers eux qu'il étend ses bras paternels, quand
du seuil de l'auberge, où il fume à califourchon sur
sa chaise, il les voit arriver de loin, moulus, suants,
poudreux et criant la faim.

C'est avec eux qu'il s'asseoit à la table réservée,
dont il fait les honneurs en patriarche du bon vieux
temps.

C'est avec eux qu'il découpe et sert avec orgueil
les fins morceaux que ses artistes apprécieront à
leur juste valeur ; qu'il débouche amoureusement la
bouteille à cachet vert voilée de ses toiles d'araignée
comme une nonnette de ses coiffes ; qu'il savoure le

moka — pur de chicorée — et, qu'au troisième petit verre de fin champagne, déboutonnant son gilet et sa verve, il s'écrie en faisant claquer sa langue : « Mes enfants, je suis de l'école du père Butor, moi!.. mais c'est égal; les malins des malins auront beau dire, il n'y a que le père Racine pour la bonté et la qualité. »

*Chœur de rapins émus :* Vive le père Racine !...

Le soir du second jour nous étions amis comme... Bretons; mais un détail acheva de nous gagner son cœur. La conversation était tombée sur le père Mathurin, un vieux ménestrel aveugle qui est le Rossini du bigniou; non-seulement il retient admirablement les airs qu'il entend une fois, mais il en compose lui-même de charmants; il habite le Finistère et va comme les rapsodes et les troubadours, chantant de ville en ville et de village en village; il est adoré des Bretons, mais depuis longtemps il n'avait pas paru à Quimperlé, et le père Racine en gémissait, quand tout à coup L*** entonne un chant que B***, le baryton, et G***, la basse, accompagnent en parties; le père Racine écarquille les yeux, ouvre des oreilles d'une aune et une bouche idem; madame Racine, les garçons et les bonnes de l'hôtel envahissent la salle, les passants s'attroupent devant la fenêtre et, quand nous finissons, des hourras furibonds s'élèvent et nous avons beaucoup de peine à ne pas être portés en triomphe : nous avions chanté l'air favori du père Mathurin.

De ce moment nous passons à l'état de nababs, et nous aurions demandé la lune sur une assiette que le père Racine eût dit : Voilà; servez chaud !

Aussi quand nous annonçons le lendemain notre intention de partir, il tombe dans un morne désespoir et nous fait les adieux les plus touchants du monde et les plus *modérés* pour un maître d'hôtel.

Honnête père Racine, ô toi que la fièvre xix^e siècle n'a pas encore atteint, cœur d'or qui restes fidèle aux vieilles traditions du bon temps, j'ignore si jamais ces lignes tomberont sous tes yeux; mais si quelque jour elles vont jusqu'à toi, considère-les comme un hommage bien senti que nous rendons à ta franche hospitalité; continue à l'exercer avec cette générosité qui est le calcul des grandes âmes, et plus tard, — le plus tard possible, — on gravera sur ta tombe :

*Au père Racine les artistes reconnaissants !*

## SAINT-GILLES. — PONT-AVEN. — CONCARNEAU
## QUIMPER

A partir de Quimperlé notre voyage change de caractère; nous avons dépensé la moitié de notre bourse et les trois quarts de notre temps et pourtant nous sommes encore loin du terme que nous nous sommes fixé.

Aussi désormais nous ne faisons plus guère l'école

buisonnière et notre course vagabonde passe à l'état de steeple-chase.

Un de nos derniers écarts est pour Saint-Gilles où nous devons assister à un pardon.

Le carriolis qui nous mène à Concarneau s'arrête donc devant une petite auberge à quelques lieues de Quimperlé, et pendant que le cheval se repose, nous suivons, par de charmants petits chemins couverts, les Bretons qui se rendent en foule à Saint-Gilles ; les uns portent les larges braies blanches des cultivateurs, d'autres le pantalon de drap bleu des matelots, tous ont la grande veste ronde et sur cette veste, au beau milieu du dos, un ornement qui caractérise la Bretagne et peint ses habitants mieux que de longs discours ; c'est un ciboire, un ostensoir ou un calice brodé en fils jaunes, rouges et verts sur la laine bleue.

Qu'une veste pareille se montre dans toute autre province de France et M. de Voltaire en rira de bon cœur ; en Bretagne personne n'en rit, au contraire, et d'ailleurs il serait peu prudent de rire d'un paysan breton.

Dans notre voyage nous n'avons pas encore vu d'aussi beaux hommes ; ils sont admirables avec leur démarche élastique et grave, leur grande taille, leur poitrine de taureau, leurs grands cheveux châtains et leurs figures douces.

Deux d'entre eux, le père et le fils, nous abordent et engagent la conversation ; mais nous avons affaire à du breton bretonnant, langage auquel le diable n'entend goutte, dit-on; nous non plus, ce qui amuse beaucoup le père; mais le fils, qui a voyagé sur mer, baragouine dix mots de français; L***, de son côté, connaît le fond de la langue à la manière de Figaro, c'est-à-dire deux mots qui signifient : chopine de cidre; aussi finissons-nous par nous comprendre si bien qu'au bout d'un quart d'heure nous en sommes aux tapes sur l'épaule et aux coups de poing dans les côtés.

Or en Bretagne le coup de poing est le thermomètre de la bonne humeur, et nos colosses sont d'une joie folle; c'est délirant.

Enfin voici Saint-Gilles; à l'entrée du village, des tréteaux chargés de pommes, de cruches de cidre et de bouteilles d'eau-de-vie, nous permettent de faire des politesses à nos amis; puis, comme ils ont pris goût à la chose, nous les laissons s'en faire à eux-mêmes et nous nous dirigeons vers l'église qui est située au bas d'un grand pré planté de pommiers et entouré d'arbres.

Ce pré disparaît littéralement d'un côté sous les grands chapeaux noirs des Bretons et de l'autre sous les coiffes blanches des Bretonnes; nous arrivons juste à temps pour nous agenouiller devant la procession qui traverse cette foule; quand le dernier enfant de chœur est rentré dans l'église, les chapeaux se mêlent aux coiffes et donnent à la prairie l'air d'un vaste échiquier.

Nous faisons tache avec nos feutres gris, et ce peuple primitif nous regarde comme les Parisiens regardèrent la première girafe.

Les hommes sont magnifiques, mais en revanche le beau sexe est affreux ; B\*\*\*, le musicien, qui cherche partout *les blanches filles de Bretagne* des romances, ne rencontre que d'excellentes ménagères très-mûres et très-noires, et se déclare volé !

Quelques charmants costumes nous consolent un peu ; si j'avais un pinceau je vous les décrirais, on peint trop mal avec une plume.

A la porte de l'église une bande de garçons se bouscule pour entrer dans la nef et s'emparer de la corde de la cloche ; il faut que quelque grâce secrète soit attachée à ce branle furibond, car nos gars se démènent comme des diables et sonnent à tire-larigot.

En remontant le pré, nous retrouvons nos deux Bretons ; le plus jeune est toujours le même, mais le vieux (la Bretagne a des mœurs à part), est rouge comme le vin, gris comme Bacchus et tendre comme Mᴸᴸᵉ Blondinette.

*Chœur des rapins.* — Laquelle ?

*Un étudiant de neuvième année.* — La fleur de la Closerie des Lilas.

*Chœur des rapins.* — Bien.

Ce brave homme nous prodigue des poignées de main terribles, mais il a pour B\*\*\* une affection particulière ; il lui passe le bras autour du cou, l'embrasse et lui conte en son patois toutes sortes de belles choses; B*** lui réplique par le récit de Téramène; le Celte ravi veut cimenter l'union de deux cœurs qui s'entendent si bien; il prend la pipe de B*** (qui par bonheur ne fume pas celle de L***, une superbe écume, en ce moment), la considère avec amour, la garde et donne la sienne à B*** qui prouve une fois de plus en aspirant le caporal du Breton dans son brûle... lèvres, qu'un Français est toujours un Français.

Il paraît que B*** doit ce prodigieux témoignage de tendresse à ce qu'il est plus grand que son ami, qu'il a comme lui de grands cheveux blonds tombant sur les épaules et, sur la tête, un grand chapeau de Quimperlé; ce peuple aime la grandeur.

Un dernier coup de cidre adoucit pour les Bretons et augmente pour nous l'amertume des adieux, et, après force embrassades nous reprenons nos jolis petits chemins creux et nous retrouvons notre voiture.

Après avoir laissé sur la gauche la forêt de Carnoet, nous traversons deux charmants petits ruisseaux, le Beton et le Rice, et nous descendons à Pont-Aven où G*** veut acheter un costume de Breton. Quoique assez loin de la mer, Pont-Aven a sa flottille de chasse-marée et de bateaux caboteurs, grâce à l'Avon qui en fait un port à la marée haute.

On trouve dans les environs les Carneilloux, qui sont des cimetières celtiques, et deux beaux men-hirs; mais nous en avons tant vu, et des meilleurs, que nous nous contentons d'admirer dans le lit de l'Aven un gros rocher que sa forme a fait nommer le soulier de Gargantua.

Puis, comme G*** a trouvé moyen de déshabiller un Breton pour quelques francs, nous reprenons la route de Concarneau.

Au sortir de Pont-Aven et au midi de la ville, le château du Hénan, magnifique castel du xive siècle, perce les bois de ses tourelles élégantes que nous saluons de loin.

Le gars qui conduit le carriolis, nous signale, du côté de Nisan, le château de Rutephan, de la même époque que celui du Hénan, et, plus au nord, du côté de Balanec, la forêt de Luzu qui est pleine de magnifiques dolmens, de ruines de forteresses et de vieux manoirs.

Hélas! pourquoi l'or et le temps sont-ils des dieux si coureurs? Nous sommes forcés de les suivre et de nous priver du manoir de Kermadéoua, du castel des Moines Rouges et du château de Kimerc'h, fameux par les combats des ligueurs bretons au xvie siècle.

En approchant de Concarneau nous traversons un véritable océan de granit. La plaine de Trégune, de Trecunc'h mot celtique qui veut dire Vallée-des-Pleurs, est couverte de blocs de toutes formes et de toutes dimensions; c'est le plus grand carneillou du Finistère; il suffit de le voir pour être certain que la nature n'est pour rien dans cet entassement de roches arrondies que nul soulèvement de granit ne relie au sol comme en Auvergne; c'est une œuvre des hommes, mais de quels hommes!...

Les géants qui bâtissaient les pyramides pour abriter la cendre de leurs rois étaient moins puissants que les guerriers qui roulaient ces rochers sur les ossements de leurs frères.

Au bord du chemin est une de ces pierres branlantes qui servaient, dit-on, d'oracles aux Druides.

Encore maintenant on prétend qu'elles résistent aux efforts des maris... incompris; chacun de nous, — nous sommes tous garçons, — ébranla facilement ce colosse de 100,000 kilos.

Deux très-beaux men-hirs s'élèvent à côté de la pierre vacillante.

Une heure après nous entrons dans Concarneau, voiture et voyageurs, sur le bac qui traverse le port fortifié.

La ville, qui peut être très-intéressante pour des historiens, l'est si peu pour des artistes qu'après avoir passé notre soirée à pêcher des maquereaux sur la plage et à contempler un superbe coucher de soleil, nous arrêtons une voiture pour le lendemain.

Le matin à huit heures, la carriole, un vrai panier à salade, et le cheval, un poulain folâtre arraché pour la première fois à la liberté des champs, sont devant la porte de l'hôtel; mais de cocher point.

Pas de cocher, c'est charmant !

L*** vante ses talents d'automédon ; on le croit sur parole, et nous voilà partis.

Mais il paraît qu'en Bretagne les animaux ont, comme les hommes, des idées très-arrêtées ; le poulain a mis dans sa tête d'aller à droite ; L*** a mis dans la sienne d'aller à gauche ; or, comme ils sont tous deux jeunes et très-entêtés, ni l'un ni l'autre ne veut faire de concessions, et de ce débat résultent d'étranges crochets qui nous conduisent à reculons dans le canal.

G*** furieux, saute sur une bride ; L*** ne veut pas lâcher l'autre ; chacun tire sur la sienne, et le cheval, pour les contrarier tous les deux, file tout droit, ce qui nous prive d'un bain de mer charmant... pour les badauds de Concarneau.

Nous sommes sauvés, mais G***, qui n'a plus confiance en L***, réclame les deux guides et nous arrivons sans plus d'encombre à Quimper.

## QUIMPER. — DOUARNENEZ. — QUIMPER

En entrant à Quimper nous fûmes surpris de l'air morne des habitants et de la tristesse répandue sur toute la ville ; dans les rues, au lieu du mouvement habituel des gens qui vont à leurs affaires ou à leurs plaisirs, nous voyions les passants s'aborder d'un air sombre, échanger quelques paroles à voix basse ou se grouper devant les maisons. Les comptoirs étaient déserts; les marchands causaient sur leur porte avec les chalands; le commerce, les intérêts, la vie étaient suspendus dans cette ville et tout ce monde semblait craindre ou déplorer un grand malheur : nous le connûmes bientôt.

Le matin, plus de trente personnes, allant à un pardon voisin, s'étaient embarquées sur l'Odet.

Le bateau était vieux, mal gréé, chargé de monde, mais le trajet est si court et l'Odet si tranquille!

On avait fait la moitié du chemin, quand une forte brise de mer s'élève, agite les flots, frappe la voile et fait pencher l'embarcation.

Les passagers, des femmes et des enfants pour la plupart, s'effraient et se jettent tous du même côté; la voix des matelots n'est plus entendue, les manœuvres sont impossibles, le vent augmente et la barque, frappée par un flot terrible, s'entr'ouvre et chavire... Un horrible cri s'élève...

Et puis on n'entend plus rien, on ne voit plus rien que des débris qui roulent vers la mer...

Cette horrible scène se passait à cent pieds du bord, en face d'une population, et personne ne fut sauvé, car les malheureuses victimes s'accrochant aux matelots avec la force aveugle du désespoir, les avaient entraînés avec elles.

Le soir on n'avait pas encore retrouvé tous les cadavres; et comme beaucoup de personnes étaient encore au pardon, chaque famille tremblait d'avoir été frappée; c'était une désolation publique, le deuil d'une cité.

Le lendemain, dès le matin, la cathédrale jetait son glas funèbre et l'interminable convoi, suivi de toute la ville, traversait la grande place et entrait lentement dans l'église.

On ne saurait décrire une pareille scène, elle était simple et muette comme les douleurs vraies; le bruit sourd des cloches se faisait seul entendre; le silence de la foule est plus sinistre que ses gémissements.

Quatre cercueils voilés de blanc et couronnés de lis terminaient le convoi; c'étaient trois sœurs et leur cousine; la plus âgée n'avait pas vingt ans.

Peu disposés à parcourir la ville en curieux, nous partîmes le cœur serré pour Douarnenez.

Le village n'est intéressant que pour les amateurs de sardines; le propriétaire d'un atelier de salaison nous initie avec une politesse charmante à tous les secrets de la cuisine. Ah! si vous voulez garder des illusions, n'allez pas dans les coulisses; j'aime moins les sardines depuis qu'elles n'ont plus de mystères pour moi.

Mais la baie de Douarnenez n'est pas seulement le rendez-vous général de ces petites créatures argentées, c'est encore un golfe charmant dont les côtes sont tantôt de longues plages sablonneuses, *la lieue de grève*, tantôt des roches imposantes où les vagues de l'Océan, brisant un élan de trois mille lieues, creusent depuis six mille ans *les grottes de Morgate*.

On ne les voit qu'à la marée basse; la marée haute
les envahit, et les vagues, en se précipitant dans ces
cavernes, jettent des éclats de tonnerre qui reten-
tissent à plusieurs lieues.

Après avoir sauté de roc en roc, comme le tor-
rent de la Parisienne, au pied des falaises qui bordent le village, dépassé la presqu'île Tristan dont la
mer couvre l'isthme deux fois par jour, suivi sur les
rochers un long sentier de chèvres et foulé quelques
lieues d'un sable fin et satiné, nous arrivons aux
grandes roches et à la première caverne; nous y pé-
nétrons, nous l'admirons et nous allons en sortir,

Mais un charme secret nous enchaîne en ces lieux.

Il nous semble — on n'en est jamais sûr — mais
enfin nous croyons avoir aperçu *la bête pharamine!*

*Chœur de Calinos.* — *La bête pharamine?*

Oui, c'est juste; vous ignorez... voici ce que c'est
que la bête pharamine... vous allez comprendre tout
de suite, c'est très-simple; la bête pharamine... —
Un exemple: il est minuit; vous êtes plongé dans
votre fauteuil, votre robe de chambre et vos pan-
toufles, et vous rêvez à vos amours en suivant machi-
nalement de l'œil les reptiles de feu qui sillonnent les
tisons; tout à coup à l'angle du foyer, dans une
échancrure que la tôle godée par la chaleur a récemment formée, paraît une petite souris blanche
qui croise ses pattes sur le bord de cette chaire im-
provisée, pose son menton rose sur ses pattes et vous

regarde avec des yeux qui prennent insensiblement l'expression de ceux de votre maîtresse!..... bête pharamine !...

Autre exemple : Vous êtes seul au fond des bois; la chasse que vous suiviez est loin; vous n'entendez plus la voix des chiens ni le son des cors, et la forêt vous enveloppe de son horreur silencieuse. Soudain une forme étrange, velue, hérissée, farouche, passe comme la foudre, ébranlant le sol et broyant les taillis; votre balle siffle; un cri de rage lui répond et tout se tait... vous courez achever le sanglier et... vous ne trouvez rien qu'un petit lézard vert qui s'enfuit sous les feuilles mortes, en vous lançant un regard ironique... bête pharamine!...

Troisième exemple : Par un magnifique clair de lune, vous êtes assis sur le beaupré d'un baleinier, et, le harpon à la main, vous guettez des marsouins folâtres qui jouent avec l'écume de la proue ; une masse blanchâtre glisse entre deux flots; vous lancez le dard; la mer bouillonne et le dévidoir fume sur son pivot...Vous tirez lentement la corde à l'aide du cabestan, et vous amenez... un crapaud de mer qui vous bâille au nez, tandis que les matelots prononcent tout bas le nom de Moby Dick, la baleine blanche.... bête pharamine!...

Quatrième exemple : Vous avez assassiné votre ami intime; votre crime n'a pas eu de témoins; vous êtes seul, mais vos remords vous arrachent un affreux monologue que vous terminez en disant :

« et l'assassin c'est... » Vous n'osez prononcer le
dernier mot, mais votre chat qui dormait tranquillement à vos pieds, lève la tête et vous regarde fixe-
ment avec les yeux clairs d'un juge d'instruction...
bête pharamine ! ! !

Enfin, et pour revenir aux grottes de Douarnenez, vous êtes au milieu d'une nature qui se compose de la mer, du ciel et de grands rochers creusés par les flots ; vous avez pénétré dans une de ces
cavernes, encore tout humide de la dernière marée, et vous éprouvez ce charme singulier, cette
impression pénétrante que causent le bruit de la
mer, le roulement des galets, l'odeur des herbes
marines et le clapotis des gouttes d'eau tombant
de la voûte dans ces petits bassins clairs laissés par
les vagues entre les rochers.

Ces petits bassins sont des océans en raccourci ;
dans ces océans s'agite un monde en miniature, ce
monde, c'est celui des pharamines !...

— Avez-vous compris, monsieur Calino ?

*M. Calino*, tressaillant : Oui... oui... n.. non...
pas parfaitement.

— Très-bien ; voilà ce que c'est que les bêtes
pharamines.

Nous passons toute la journée à pharaminer, et
tant de lueurs argentées brillent au fond des bassins clairs, tant de choses sans nom glissent entre
nos doigts sous les mousses et les goëmons, que
nous oublions complétement les autres cavernes.

Quand nous y pensons, la marée montante, qui les envahit avec des bruits de canon, en défend l'approche, et nous force à fuir devant les flots.

Nous quittons à regret notre pêche fantastique; il est bien entendu que nous n'avons pris que des oches, des crabes et des étoiles de mer, mais nous connaissons trop bien les mœurs pharamineuses pour nous en étonner.

Il est temps de partir; une demi-heure plus tard la retraite serait coupée; le chemin de chèvre nous ramène au village et la carriole à Quimper.

— *Quimper*. Le seul monument remarquable de Quimper est sa cathédrale, une des plus belles du xv⁰ siècle; l'intérieur offre une disposition particulière : l'axe du chœur fait un angle avec celui de la nef; cette irrégularité, qui se retrouve dans quelques églises catholiques, est intentionnelle et rappelle, dit-on, l'inclinaison de la tête de Jésus sur la croix.

Nous remarquons derrière le maître-autel, une Vierge à l'Enfant, d'une exécution charmante; ce marbre est signé Aothin de Paris.

La ville n'a rien de curieux, mais la promenade qui borde l'Odet est ravissante.

En revenant par le faubourg, L*** qui marchait en sifflotant un petit air, selon son habitude, s'arrête brusquement, met la main sur son cœur comme pour faire une déclaration, pâlit considérablement, fouille convulsivement dans ses poches, et les re-

tourne avec un geste éloquent; elles sont vides !!!
mais vides comme on ne l'est pas, vides comme
l'estomac de Tantale ou la bourse d'un Bohème au
15 du mois; vides comme le théâtre Beaumar-
chais, ou les drames de M. Pixérécourt; vides
comme le cœur de M<sup>lle</sup> Blondinette ou la tête de
M<sup>lle</sup>... chut !.. enfin vides comme le vide !!!

Horrible! horrible!! horrible!!! comme dit Ham-
let !...

Heureusement que les mœurs de Quimper ne
sont pas encore celles du boulevard des Italiens;
une femme court après nous : « Messieurs! messieurs !... — Madame! madame! —Vous avez perdu
quelque chose ?... — Tout, Madame. — Pauvres
jeunes gens! je l'ai vu tomber, le voilà. »

L*** embrasse son porte-monnaie, il nous embrasse, il embrasserait volontiers l'Armoricaine, mais
elle a soixante printemps... Oh! vertu, tu n'es pas
qu'un nom... en Bretagne.

A huit heures du soir nous prenons la voiture de
Brest et nous visitons en détail Kamaret, Quillinen,
Launay, Châteaulin, Le Faou, Kerguilvent, Saint-
Urbin et Landerneau dans l'espace d'une nuit, par
le clair de lune et la portière de la diligence.


## BREST

Brest, superbe port, rade excellente et la plus
belle de l'Europe, ateliers de construction, marine

militaire créée par Richelieu, place d'armes, château, cours d'Ajot, etc., etc., — toujours les guides
Richard et Napoléon Chaix. — Brest est la plus en-
nuyeuse ville du monde après Manheim.

Le matin, en déjeunant sur le port, nous voyons
passer une lourde barque conduite par des rameurs
tout de rouge habillés; ce sont des forçats; charmante ville!... G*** broie du noir; cependant nous
voulons faire les choses en conscience et nous entrons au bagne.

La première impression, quand les lourdes portes
se referment sur nous, est extrêmement désagréable
et nous avons besoin du témoignage de notre conscience pour ne pas douter qu'elles se rouvrent
tout à l'heure devant nous.

Je vous épargnerai la description tant de fois faite
d'un bagne, ainsi que les réflexions que suggère ce
triste spectacle. Il en est une pourtant que nous fîmes
tous trois, et qui nous frappa; c'est que les forçats
sont matériellement dans des conditions meilleures
et moralement dans des conditions pires qu'on ne le
suppose généralement.

Ils couchent sur une planche, mais sous prétexte
de sculpter un morceau d'ivoire ou de fouiller une
noix de coco, ils peuvent y sommeiller tout le jour,
et cet état de rêvasseries n'est-il pas détestable pour
ces natures vicieuses?

Ils ont des fers au pied, mais non des boulets, et
ces chaînes qui les unissent à un compagnon ne fa-

vorisent-elles pas les horribles amitiés du bagne?

Dans les chantiers de construction, ils sont soumis aux travaux forcés, mais ils exécutent leur tâche avec une superbe indolence, et d'ailleurs ces travaux, en les mêlant à d'honnêtes ouvriers, ne sont-ils pas doublement funestes? Funestes pour les forçats, chez qui ce voisinage réveille et excite les désirs d'évasion; funestes pour les ouvriers, que ce contact pervertit et intimide au point qu'ils ne dénonceront jamais un forçat, de peur de recevoir le lendemain sur la tête un soliveau tombant de trente pieds par mégarde.

On veut détruire les bagnes, et l'on a raison.

Quelque bas qu'un homme soit descendu dans l'abîme du vice, il faut toujours essayer de l'en tirer; or le système des travaux forcés, — travaux à peu près nuls, que l'État paie fort cher, — est, tel qu'il se pratique au bagne, une école de perversion pour la plupart et d'abrutissement pour tous.

Voilà quelles étaient nos réflexions, et je dois rappeler qu'à nous trois nous avons l'âge d'un sage de la Grèce.

G*** broie du noir de plus en plus; la malle-poste de Saint-Malo passe, il saute dedans, et nous avons à peine le temps de lui crier : « Bon voyage! »

Ce brusque départ, ce bruit de roues se perdant dans la nuit, nous laissent fort tristes.

La nostalgie de G*** nous gagne et nous sommes tentés de l'imiter; nous sentons que le voyage a

perdu son charme, et si nous nous décidons à l'a-
chever, c'est un peu par acquit de conscience.

Il serait donc temps de poser la plume, mon cher
Auguste, et, dans l'intérêt de mes lecteurs, en supposant que tu ne sois pas le seul, je la planterais
dans l'encrier; mais tu m'as fait jurer de ne te faire
grâce de rien; soit : tu nous suivras jusqu'au bout.

Pourtant ne sois pas trop effrayé; nous ne voya-
geons plus : nous volons, mais c'est au-dessus des
plus belles contrées de la Bretagne; et si mon récit
n'est plus qu'une table de matières, peut-être le
programme éveillera-t-il ta curiosité, et fera-t-il du
lecteur de cette année le compagnon de l'année pro-
chaine.

Pour chasser nos diables bleus, nous allons entendre les artistes du théâtre de Brest dans *les Dia-
mants de la Couronne!...* Hélas! Auber, pardonne-
leur, car ils ne savent ce qu'ils font.

Le lendemain matin, nous allons visiter, au milieu de la rade, par une petite mer assez houleuse,
un magnifique vaisseau, *la Bretagne*, qui va partir
pour Constantinople.

A dix heures, le sac et le manteau de voyage bien
ficelés sur nos épaules, nous prenons à pied la route
du Conquet.

## LA FIN DU VOYAGE. — LE CONQUET. — SAINT-RENAN
## MORLAIX. — SAINT-POL-DE-LÉON. — LE HAVRE

A Saint-Pierre, nous avons faim ; mais il n'y a pas d'auberge.

A la Trinité, nous avons beaucoup plus faim ; mais ce village offre moins de ressources que le précédent !...

Nous n'avons plus qu'à mourir, lorsqu'une vieille sibylle, à qui nous achetons du tabac pour adoucir nos derniers moments, nous propose un déjeuner de sa façon... Parbleu ! nous aurions accepté la cuisine d'un Chippeway.

Le festin se compose d'une omelette un peu noire ; mais à la guerre comme à la guerre ! d'un saucisson très-aliacé ; mais nous n'avons pas de dames ; de poires à cidre et d'un vin... spasmodique ; mais il fait si chaud !...

Très-satisfaits, nous reprenons nos sacs et nos bâtons, en demandant notre écot, lorsque notre hôtesse apparaît, portant triomphalement un gigantesque plat de grillades aux pommes de terre ; la brave femme est enchantée de son œuvre. Il ne faut blesser personne : un quart d'heure après, les grillades ont rejoint les poires, et, comme il ne se présente pas de troisième service, nous partons décidément.

Au delà du port Mingan, la mer, qui nous servait

de guide, disparaît derrière un épais rideau d'arbres, et nous entrons dans un dédale de chemins creux et couverts qui nous égarent complétement.

Ce n'est qu'après plusieurs heures de marches et de contremarches que nous tombons, par hasard, au milieu de Plougouvelin.

Au delà de ce hameau, la nature change d'aspect et devient sublime : ce sont de grandes vallées sombres, avec des forêts d'un vert noir à mi-côte et des éruptions de granit dans le fond; c'est la grandeur du Poussin, la mélancolie de Claude Lorrain, la sauvage énergie de Salvator Rosa.

La végétation cesse en approchant de la côte; mais nous touchons à la pointe Saint-Matthieu, et bientôt tous les tableaux pâlissent devant celui qui se déroule à nos yeux.

C'est l'Océan, l'Océan sans bornes, avec ses vagues immenses venues d'un autre hémisphère, et ses brises chargées des parfums des Florides et du Meschacébé.

Vers le nord, l'archipel d'Ouessant et les terribles rochers du passage du Four, s'élevant au milieu de la mer comme les sentinelles avancées du vieux monde.

Au sud, la presqu'île du Crozon, la pointe de la Chèvre, et plus loin, se confondant presque avec l'écume des flots et les vapeurs bleues de l'horizon, la pointe du Raz, l'île de Sein et les côtes rocheuses de Douarnenez.

Devant ce spectacle sublime, on comprend que les Bretons naissent marins.

C'est sur un cap Saint-Matthieu que Colomb devait pressentir un autre monde.

Le vieux cloître ruiné de Saint-Tanguy, où nous nous reposons sur des tronçons de statues, et dont les ogives brisées encadrent un tableau gigantesque, en augmente encore l'impression en mêlant sa poésie humaine à la poésie de Dieu.

La nuit vient; nous ne jetons qu'un coup d'œil en passant à la jolie église de Lochrist et au tombeau de Michel le Nobletz, l'un des missionnaires du bas Léon, et nous arrivons à neuf heures du soir, presque morts de fatigue et de faim, au Conquet.

B***, qui est le Parisien le moins marcheur des peu marcheurs Parisiens, et qui vient de faire dix lieues d'une traite, a, le lendemain matin, deux ampoules pour t...ons, et refuse énergiquement de partir.

Cependant le déjeuner lui rend un peu de courage, et nous allons voir un fort beau cromlec'h et deux men-hirs dans la presqu'île de Kermorvan.

Pour en sortir, L*** imagine de traverser le petit bras de mer qui la sépare du continent et qui lui semble très-peu profond. Il met donc ses bas dans sa poche, prend un soulier dans chaque main, retrousse son pantalon et pousse sa pointe.

« O jeunesse! que tu es présomptueuse et inconsidérée! » comme disait un vieux capitaine de ma connaissance, qui avait fait la campagne de Moscou.

Tout se passe d'abord assez bien ; cependant l'eau prend une épaisseur gênante ; le pantalon est envahi... Bah ! c'est un demi-bain de mer, pense L***, et il continue. Mais les herbes s'en mêlent et cachent le fond, qui baisse brusquement et procure à L*** le bain complet. La position est désagréable ; il est difficile de nager avec un sac de nuit sur le dos, des souliers à la main et de grandes herbes tenaces autour des jambes ; le fond baisse de plus en plus ; c'est l'escalier d'un abîme, et L*** ne peut plus retrouver les marches qui l'y ont conduit ; dans son désespoir, il se plonge... dans des réflexions tristes. Il y serait encore, sans un pêcheur de crevettes qui, touché de sa détresse, arrive par des détours à lui connus et l'arrache à ses méditations.

Pendant ce temps, B*** a pris en clopinant le chemin de Trebabu ; mais à moitié route, il s'est assis sous un chêne et contemple, d'un œil éteint, l'horizon vaste et ses talons enflés.

L***, que son bain a ragaillardi, communique, à force d'éloquence, un reste de courage à B***, qui se laisse traîner jusqu'à Ploumoguer.

Entre Ploumoguer et Plomarzel, B***, qui a fait une demi-lieue en deux heures et en s'asseyant tous les vingt pas, pousse un suprême gémissement, se couche, et déclare, avec l'obstination du dromadaire fatigué, qu'il n'ira pas plus loin.

L***, qui commence à traîner la patte, est très-embarrassé.

Le pauvre B*** ne gémit même plus, et le désert qui nous entoure est silencieux comme le tombeau.

L*** s'éloigne comme Agar pour ne pas voir mourir son ami; mais, comme Agar, la Providence le délivre enfin de ses angoisses en lui montrant le clocher de Plomarzel à deux cents pas derrière les arbres.

Le village est en fête; les Bretons sont gris comme des Polonais; cependant nous découvrons une femme qui jouit encore de presque toute sa raison.

Cet ange sauveur nous donne le lait et le miel, c'est-à-dire un vieux reste de cassis, qui, délayé dans beaucoup d'eau, nous désaltère faute de mieux, et du *phar*, gâteau du pays, délice des Bas-Bretons, dont il a le caractère ferme et primitif, pudding de sarrasin, de mélasse et de fromage blanc, écœurant mastic, infernal magma... que nous mangeons pourtant!... O! naufragés de la *Méduse*, vous nous comprenez, n'est-ce pas?...

La bonne femme met le comble à ses bienfaits en nous donnant une carriole, un cheval, et son frère; si ce conducteur là nous dépose entiers à Saint-Renan, c'est que vraiment

> Il est un Dieu pour les ivrognes,

comme dit la chanson.

Il en est un, car, à peine les guides en main, le Breton retrouve son sang-froid et nous charme par les renseignements intéressants qu'il nous donne sur le pays.

Ici, tout près du village, sont les carrières de granit d'où l'on a tiré le soubassement de l'obélisque de Luxor.

Là c'est un men-hir de huit mètres de haut.

Plus loin, sur le bord du chemin, c'est un autre men-hir, le plus beau du département, dit-on ; nous descendons pour le voir ; on lit à son sujet dans M. le chevalier de Fréminville : « Il n'a pas moins de onze mètres cinq centimètres de hauteur. Cette superbe aiguille de granit, quoique brute comme tous les monuments du même genre, se trouve avoir une forme à peu près quadrangulaire, et il présente une particularité bien remarquable : sur deux de ses faces opposées, on voit, à la hauteur d'un mètre environ, une bosse ronde taillée de main d'homme, et qui a environ trente-deux centimètres de diamètre. Objets de superstition dont le but et l'origine se perdent dans la nuit des temps, ces bosses reçoivent encore une sorte de culte bizarre de la part des paysans des environs. Le nouveaux mariés se rendent dévotement au pied de ce men-hir, et, après s'être en partie dépouillés de leurs vêtements, la femme d'un côté, l'époux de l'autre, se frottent le ventre nu contre une de ces bosses. L'homme prétend, par cette cérémonie ridicule, obtenir des enfants

mâles plutôt que des filles, et la femme se persuade
que par là elle obtiendra l'avantage d'être la maîtresse absolue dans son ménage. »

Nous n'eûmes malheureusement pas occasion
d'assister à la cérémonie.

Le drôlatique monument s'appelle le men-hir de
Kerloaz, —route de Plouarzel à Saint-Renan, Finistère : avis aux peintres de mœurs.

Nous devrions visiter deux vieux manoirs fort
curieux, celui de Kerveac'htou, près de Kerglas, et
celui du Pont-ar-C'hastel, entre Kerglas et Saint-
Renan ; mais la fièvre du retour précipite nos
pas.

Aussi, dès le lendemain, nous voulons partir et
achever notre voyage des côtes par Porspoder,
Paimpol, Plounéour et Saint-Pol-de-Léon, mais une
difficulté se présente : au fond de notre bourse il
ne reste qu'un petit papier; ce petit papier est fort
honorable, et je sais bien des Normands qui s'en
contenteraient; mais le Breton n'aime pas les fic-
tions sociales, et tout Saint-Renan, du maire au
percepteur, du notaire à l'épicier, regarde le timbre
de la Banque avec l'intelligence d'un Lapon devant
du sanscrit.

Mais que tu es sublime, ô peuple arriéré!...
« Allez à Brest, nous dit notre maîtresse d'hôtel,
une femme de l'école du père Racine, et quand
vous aurez changé votre argent, vous m'enverrez
votre écot. »

Et ce disant, elle nous confie à une brave jeune fille qui, perchée sur le brancard de la carriole, nous ramène à Brest gaillardement.

La diligence de nuit nous conduit par Guipavaz, Landerneau, Landivisiau et Saint-Thégonce à Morlaix, où nous arrivons à une heure du matin.

Le courrier part à l'instant pour Saint-Pol-de-Léon ; nous grimpons dans sa patache..... haï daün !!!!

La route est très-accidentée entre Morlaix et Saint-Pol-de-Léon ; c'est une série de descentes vertigineuses et d'interminables montées ; dans le jour on a le charme de la variété ; mais la nuit est horriblement sombre, et rien n'allonge le chemin comme de ne pas le voir ; il est vrai que nous ne pouvons fermer l'œil, grâce au conducteur, qui vocifère dans les ténèbres son éternel haï daün !!

A Saint-Pol, nous admirons le ravissant clocher de Creisker, qui nous console de nos cinq heures d'haï daün !

La cathédrale est aussi fort belle ; on y remarque un vaste baptistère en pierre, et derrière le chœur le tombeau d'un évêque de Léon, François Visdelou.

La voûte d'une des chapelles de droite, fondée par la famille du Dresnay, est ornée d'une figure symbolique de la Trinité ; c'est un triangle curviligne où des traits ingénieusement disposés représentent trois visages ; un doigt, le doigt de la Providence, accompagne le triangle, et sur la banderole qui l'entoure on lit ces mots : **ma Douez** (mon Dieu).

Sur la route de Roscoff nous apercevons plusieurs dolmens et le joli manoir de Kersalion.

A Roscoff, nous saluons l'île de Bas habitée par Trémentin, l'héroïque compagnon de Bisson, puis nous montons au fort de Bloscon, cette autre pointe Saint-Matthieu du Finistère,

> Et du haut de la montagne,
> Avec des pleurs dans les yeux,
> Nous jetons à la Bretagne
> Le long regard des adieux.

Nous revenons de jour à Morlaix. Au milieu de la route et dans une de ces descentes ci-dessus mentionnées, le cheval s'abat brusquement ; le cocher tombe sur le cheval, L*** sur le cocher et B*** sur L*** ; le cheval est seul endommagé.

Le lendemain nous voguons sur la *Célestine*, capitaine Marzin, de Porspoder, et, trente heures après, le paquebot mouille en vue du Havre.

Le capitaine, qui ne peut entrer en Seine qu'au matin, nous propose de nous mettre à terre ; mais il fait si beau que nous préférons coucher à bord.

Le ciel est étincelant d'étoiles ; la mer, que ne ride aucun souffle de vent, n'a que ce balancement profond qui ressemble à la respiration d'un monstre ; autour de nous mille vaisseaux sommeillent sur les vagues, et le nôtre, endormi sur ses chaînes, est bercé par les flots comme un enfant par sa mère; au loin, la ville reflète ses feux dans le miroir de la rade, et nous, après avoir admiré longtemps ce splendide tableau, nous nous endormons au doux clapotis des vagues qui expirent sur les flancs du navire, et nous rêvons de cette belle Bretagne, où l'on est conduit par un irrésistible attrait, que l'on quitte avec peine, où l'on revient avec amour, et que l'on voudrait avoir pour patrie, comme Beaumanoir ou Larochejaquelein, et pour tombeau comme Chateaubriand!...

FIN.

# TABLE

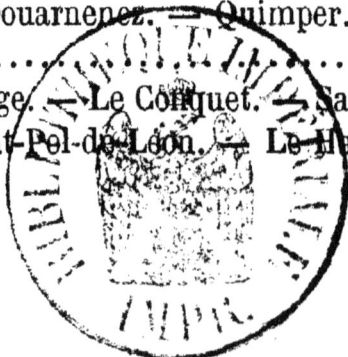

PARIS. TIP. J. CLAYE, RUE SAINT-BENOIT, 7.

www.ingramcontent.com/pod-product-compliance
Lightning Source LLC
Chambersburg PA
CBHW052148090426

42741CB00010B/2192